子どもの貧困

貧困の連鎖と学習支援

宮武 正明 著

みらい

【推薦の辞】

子どもの教育と福祉の権利 ―貧困の世代継承を断ち切る制度と実践―

本書は、日本社会事業大学時代の同級生である畏友宮武正明氏が生涯をかけて実践・研究してきた「子どもの貧困の撲滅」への戦いの記録・軌跡の集大成である。

本来、教育制度も社会福祉制度も、幸福追求、自己実現が何らかの事由によって脅かされている人々を救済・支援する「社会の制度」として歴史的に発展・整備されてきた。にもかかわらず、家庭が貧困の故に十分な教育や発達が保障されずにその家庭の子どもがその家庭の世代を超えて貧困を「継承」せざるを得ないこと、それを打破するはずの社会福祉制度がその効果を発揮できないのは何故なのだろうかと筆者（大橋）自身1960年代に悩み、「教育と福祉の学際研究」に関心を寄せた。フランスのジャン・シャザルが『子どもの権利』の中で述べた〝子どもに権利があるとしても、子どもは普通その権利を自分では行使しない。子どもは自分の権利を仲介者、すなわち普通にはその両親、ときには、両親の代理人もしくは法人を通して行使する〟という文言や、スウェーデンのエレン・ケイが『児童の世紀』で述べた〝子どもは親を選択できない〟という文言を踏まえて子どもの幸福を追求する教育制度と社会福祉制度はどうあるべきかの学際研究を行ってきた。

筆者は、1972年に上梓された『教育と福祉の権利』（小川利夫・永井憲一・平原春好編、勁草書房）に「へき地教育・夜間中学―貧困の世代継承と『教育福祉』―」という論文を執筆している。その論文では、イギリスの19世紀の思想家、実践家であるウィリアム・ゴドウィンの文言である〝貧困の真の害悪は、肉体的艱難ではなく、精神を開発すべき余裕の欠如である〟や、同じくイギリスのエリザベス・フライの文言〝救済の精神は、精神の救済〟を引用し、貧困の撲滅には如何に教育制度を充実させるかが重要であると考え、それをへき地の子どもの就学・修学や夜間中学生の就学・修学の現状を踏まえて論述した。その一環として生活保護世帯の子どもの高校進学についても触れている。その上で、それらの問題解決の一つとして、憲法第26条の理念を踏まえた「教育補助制度」（「就学困難な児童及び生徒に係る就学奨励についての国の援助に関する法律」、今日では、教育補助に代わり、就学援助という用語が使われている）に着目し、その制度の整備・拡充が大きなポイントであると指摘した。

また、1973年に刊行された『扶助と福祉』（小川政亮編、至誠堂）では、「『世帯保護』の原則と『教育を受ける権利』―教育扶助と教育補助―」、あるいは「母子家庭と世帯の自立助長―母子福祉資金問題―」という論文を執筆している。そこでは、教育補助制度の適用基準が国の基準としては生活保護基準の1・5倍であった時代に、長崎県香焼町（当時）ではその適用基準を地方自治体の独自の判断で引き上げ、香焼町の全児童・生徒の90％に適用していた（残り10％の家庭は、その制度の申請をしなかったもの）。しかも、援助費の範囲は、学用品、通学用品、通学費、修学旅行費、遠足費、給食費であり、実質的に学校に関わる費用は全て援助の対象になっていた。国の制度もさることながらこのような地方自治体の取り組みがあることを取り上げ、如何に子どもの生存権、教育権を守っていくことが可能なのかを論述した。その後、筆者自身が住んでいる自治体と交渉し、教育補助の基準を生活保護基準の1・6倍まで引き上げる活動をした経験を有している。

更には、1978年に「教育権と社会福祉—教育費の公費負担問題を中心に—」(『扶助と福祉の法学』小川政亮編、一粒社所収)という論文で、保育所の保育料についても上述した教育補助と生活保護基準との関係からD2階層（当時）までは準要保護家庭であると位置づけ、給食費の実費に該当する費用は徴収するものの、保育料は実質免除にするという保育料制度の考え方を定着させた。

このような教育制度と社会福祉制度との関わりを踏まえて如何に貧困の世代継承を断ち切るかを考えてきたが、どうもそのような対応だけでいいのだろうかという疑念が生じてきた。その契機の第1が1966年に出された江口英一の論文「日本における社会保障の課題」(『福祉国家論』所収別冊　小谷義次編、筑摩書房）での提起である。江口英一は、住民の生活は大変不安定であり、生活上のちょっとした事故で労働者階級のかなり上層まで生活保護世帯になる可能性を秘めていると指摘し、それを防ぐには地方自治体ごとに社会福祉サービスを整備・充実させることが必要であるという指摘をした。

第2には、福祉事務所の現業員をしていた白沢久一（後の北星学園大学教授）が1967年に、福祉事務所の現業に関わる調査の結果、生活保護世帯の自立生活支援において金銭的給付だけでは不十分で、従来の金銭的貧困とは異なる「新しい貧困」ともいえる生活保護世帯の生活技術能力、家政管理能力の脆弱化を挙げ、生きる力、主体性の確立の重要性を指摘したことである。この指摘は、その後、福祉事務所の現業員らの実践的研究組織のメンバーにより『生活力の形成』（勁草書房、1984年）並びに『生活関係の形成』（勁草書房、1987年）として刊行されている。この本の出版には本書の著者である宮武正明氏も大きな貢献をしている。

第3には、筆者自身が1970年の東京都三鷹市での青年へのインタビュー調査を通じて、青年の歪みの現状を認識したことである。インタビューの中で、「まあね族」や「さあ別に族」とも言える対人関係、社会関係がもてない青年の輩出に驚いた。その当時子ども・青年の歪みの特色として対人関係能力・社会関係能力の脆弱化、成就感・達成感の喪失、生活技術能力・家政管理能力の脆弱化、帰属意識・準拠意識の希薄化、自己表現能力の脆弱化の5つを指摘した。これらの問題解決には教育制度や社会福祉制度の整備だけでは解決できないと指摘し、対人援助の必要性や「家庭の子育て機能の社会化」を地方自治体レベルで行うことの必要性を述べている。とりわけ、子どもの成長は、意図的営みとしての教育制度だけでは育たず、日常生活における無意識な働きかけ、声かけの中で「形成」される営みが重要であることを述べた。

これら3つの要素が絡み合い、筆者は子どもそのものを対象とした働きかけやそれを支える教育と社会福祉の制度改善よりも、地域を基盤とした「子育て機能の社会化」及びそれを支えるソーシャルインクルーシブ（社会包摂型的）な福祉コミュニティづくりへと、実践と研究の焦点を変えていくことになる。

この間、宮武正明氏は一貫して貧困家庭の子どもと向き合い、その子らの学力向上こそがその子らの可能性を豊かにし、ひいてはその家庭の自立に繋《つな》がると考え実践してきた。

戦前、戦後において多くのスラム街や被差別部落等において展開されてきた隣保館事業、セツルメント実践において子どもの補習教育や衛生改善運動が展開されたのと同じように、宮武正明氏は生活保護世帯の子どもを対象に補習教育、学習支援活動を行った。福祉事務所の現業員の立場からその学習支援活動をプログラム化し、実践を組織してきたその活動は全国的にも稀で、多分嚆矢《こうし》であろう。

2013年に「生活困窮者自立支援法」が成立し、生活保護世帯に陥らないように、生活相談を基礎として、その補完事業として子どもの学習支援や家計管理補助や就労支援の事業を展開することが求められるようになった。それは、1970年前後に指摘された「新しい貧困」の課題と同じ分脈の課題であり、当時の貧困家庭の「貧困の世代継承」の問題と軌を同じくするものである。当時は、それら問題を抱える人や家庭が少数であったことや高度経済成長の影で注目されなかったが、今日では江口英一が当時指摘したように住民のかなりの階層まで不安定になってきて対応が迫られることになった。文部科学省の調査によれば、2012年度の「就学援助制度」の対象となった小中学生の割合は15・64％で、過去最高になったという。改めて、子どもの教育と福祉の権利をどう守っていくかが問われている。しかも、議員立法ではあるものの、「子どもの貧困対策推進法」も制定されるまでになっている。貧困の世代継承を断ち切るためにも、就学援助制度の拡充と福祉サービスを必要としている家庭の子どもへの学習支援活動の取り組みの充実強化が求められている。

本書は、1960年代末から福祉事務所の現業員として貧困家庭の子どもの実態に直面し、その改善に心血を注いできた宮武正明氏の実践と研究の集大成である。本書がこれから子ども家庭福祉、教育を学ぶ学生や多くの住民に読まれ、日本から、世界から子どもの貧困が消滅し、この世に生きとし生ける子どもが幸福追求でき、自己実現できるよすがになれば幸いである。

2014年2月8日

日本社会事業大学大学院特任教授
元日本社会事業大学学長
元日本社会福祉学会会長
元日本地域福祉学会会長
大橋　謙策

はじめに ——一通の手紙——

質問です。◯か×かでお答えください。
1．今日の社会では高校は絶対行かせるべきだ
2．家庭の事情で高校へ行けなくてもやむをえない
3．勉強がきらいな子は無理をして高校へ行かすべきではない

1990年代、私は早稲田大学の教員からの依頼で、何年か続けて一部・二部[*1]の学生に「江戸川区における貧困世帯の子どもたち」について現場からの報告を行った。その際、多くの学生から感想が寄せられたが、その中に、二部の学生から少し長めの手紙があった。原文のまま紹介する。

先日の話、大変興味深く聞かせていただきました。話を聞いていて、なんだか嬉しくなりました。また、勉強会に集まる子ども達を、非常に羨ましく思いました。
というのも、僕自身、生活保護を受けて育ちました。

話せば長くなりますので、手短に話しますと、僕が小学3年生のとき、働こうとしない父と、母は離婚しました。そして、女手一つで兄弟3人、ここまで育てられたのです。

宮武さん[*2]にこんなことを言うのは非常に失礼ですが、僕は市の職員の人、ケースワーカーの人に、大いなる偏見を持っていました。憎んでいたと言い換えても間違っていないと思います。兄の高校、大学への進学のとき、僕の高校、大学への進学のとき、心ない言葉を浴びせ続けられました。「進学せずに働け」彼らの言いたいことはそれでした。

そのとき、母が、僕らの成績表を持っていって、「この成績で、本人も進学したいと言っているのに、働けと言うのか」と、涙ながらに訴えた結果、しぶしぶＯＫを出したという状態でした。

高校に入ってみると、学費も免除になりましたし、家にも思ったほどの負担をかけずに済むことに気がつきました。僕も兄も、比較的成績は良いほうだったので、経済的な問題さえクリアすれば高校進学は可能でした。

大学進学のときはもっとひどかったのですが、兄は新聞奨学生をしながら京都産業大学に通っています。僕もこの早稲田大学の二部に、牛乳屋さんに住み込みで働きながら通っています。2人とも、家には全く負担をかけず、なんとか大学進学を果たせたのです。

こうして考えると、僕は本当に恵まれていたなあと思います。

ケースワーカーの皆さん、本当に頑張ってください。愛情に飢えた子ども達の力になって下さい。僕はずっとケースワーカーの人に偏見を持っていたけれど、宮武さんの話を聞いて、本当に本当に嬉しかったです。そして、そのようなケースワーカーの皆さんみたいな人に知り合えた子ども達は、何と幸せなことだろうと思います。

考えてみれば、もっと教師がこのような問題に関心を示すべきだと思います。良い高校に何人入れたかを競うのではなく、いろいろな事情で進学できないと思っている子ども達を、問題を乗り越え、何人進学させるかを考えるべきだと思います。

僕自身が思ったこと、感じたことを忘れずに、あの頃の僕と同じ不安を抱いている子ども達のために。本当にどうもありがとうございました。これからも頑張って下さい。

（早稲田大学第一文学部2年）


生活保護を受給している家庭の場合、高校に進学しないで「働けば」生活保護費を減らすことができる。「高校に進学せずに働け」、高校進学率が98％になった今日でも、そう思っている国民は多いかも知れない。

このことについて、国立社会保障・人口問題研究所の阿部彩さんは、高校における教育は「すべての子どもに与えられるべきか」について冒頭の質問のように2000人アンケートを実施して、その結果を次のように報告している。[*3]

○高校における教育は絶対に与えられるべき　42・8％
○高校における教育は家の事情で与えられなくてもよい　51・2％

家の事情で与えられなくてもよいとの回答が、絶対に与えられるべきという回答を上回っている。極端にいえば、高校進学率が98％の今日でも、半数以上の人が「自分の家庭の子どもが高校・大学に進学できれば、底辺の家庭の子どもは高校に進学できなくてもよい」「家庭の事情があるなら仕方ない」と思っている。

２０１２年８月25日付「朝日新聞」の社説では、栃木県において職場体験アルバイト中に死亡した中学生の事故を取り上げているが、「進学しない２％の生徒への支援も重要だ」とし、「中学を出て働く道もあることを見せたい」と、不登校ネットワークの方の話を紹介している。確かに中学生、高校生の職場体験は大切である。しかしながら、中学を出て働く道は本当にあるといっていいのか。万が一あったとしても、わずか２％の中学生に、友だちとは違った生き方をさせていいものだろうか。

２％の中学生の抱いている不安な心境をあなたは考えたことがあるだろうか。今日、この２％の中学生に教育の機会を与えないこと、そしてこの状態を他人事として放置することは、「児童への心理的虐待」にあたるのではないかと私は考える（漁師などの自営業で親が職親となり、中学卒業後、親の家業を継ぐ場合は、98％の中学生が高校進学していることをきちんと伝えた上で本人が選択することが求められる）。

全国の中でも、富山県ではすでに40年前から高校進学率が98％に達しており、長期にわたって高校不進学者はほとんどいない。教育、福祉、国や行政の関係者はこの富山県の実態から学ぶべきである。

本書でこれから綴っていく内容をいまだに「家庭事情がある場合は仕方ないではないか」「（高校）進学せずに働けばよい」と思っている多くの人々に、ぜひ読んで、知ってほしい。そして、ぜひ一緒に考えてほしい。

【注】

＊1　第一文学部及び第二文学部（夜間学部）のこと。2007年より、文化構想学部と文学部に再編された。

＊2　筆者のこと。

＊3　阿部彩「子どもの貧困―日本の不平等を考える―」『教育と文化』№57　国民教育文化総合研究所　2009年

目次●子どもの貧困

――貧困の連鎖と学習支援――

目次

第11章　貧困の連鎖と「子どもの貧困対策推進法」
―まとめにかえて―

第1部

貧困の連鎖と学習支援

第1章

貧困の連鎖と高校就学保障

アルファベット（ＡＢＣ）や九九がおぼつかない子どもたちだって、機会さえあれば学力をつけ、機会さえあれば高校へ行きたいのである。学力不振のまま高校に入学するのではなく、基礎的な力を少しでも身につけて高校就学することこそがそれぞれの子どもに求められている。

1　子どもの貧困・貧困の連鎖はなぜ起きているか

２０１１年９月、ＮＨＫは「生活保護３兆円の衝撃」[*1]を放映し、大阪市で稼働年齢層の生活保護者が急増している実態を紹介した。福祉事務所のケースワーカーが自立支援プログラムに基づき、無職者や仕事を失った者と一緒にハローワークを訪ね、求人先にも付き添うが、履歴書の職歴の欄で説明ができない求職者は求人先から次々と断られる。大阪市の福祉事務所では２０１０年の１年間に７２５８人の自立支援を指導しているが、就労自立できたのは１６４人のみであった。なお、働いた場合の納税や社会保険料による社会的費用の負担をしないことも加味すれば、彼らが他に生活の方法がなくこのまま生活保護の受給を続けた場合、１人当たり５０００万円もの公費負担が必要になるという。

ところでここ数年、２０００年代以前の生活保護では考えられなかった、稼働年齢単身者の生活保護の受給が増えている。この原因の一つは、２０００年代の新自由主義がもたらした、セーフティネットのない非正規雇用の拡大による負の遺産にあるが、さらにさかのぼって１９８０年代、総中流社会[*2]と言われた中で、社会的に排除されてきた貧困世帯の子どもが中学卒業後すぐに、あるいは高校中退して無職少年（少女を含む、以下同）となり、その状態で大人（中年）になる中で「貧困の連鎖」が起きていることがもう一つの原因として挙げられる。

１９８０年代前後、東京都江戸川区や足立区、また愛知県の高校進学率は90％、大阪府は92

%であった。つまりこれらの地域では、1割近くの子どもが中学卒業後、高校に進学していなかったのだが、その大半が仕事にも就けない状態で「無職少年」となり、形式高校入学者（籍のみで通っていない者）・中退者とあわせて、貧困の連鎖を生み、その一部の少年は1988年に続いて起きた愛知アベック殺人事件[*3]や足立女子高校生コンクリート詰め殺人事件[*4]など、地域で様々な少年事件を起こしていった。それから20年余り、彼らは少なからず、冒頭の大阪市の事例に見られるような「無職ときどき不安定な仕事」の「無職中年」になっている。

私は、1980年からケースワーカーとして担当した江戸川区の子どもたちを例に、残された1割の「中学卒業後、高校等に進学しない者」（以下「中学卒業者」）は、学力不振などによりほとんど就職していないし、雇われる先がないことを指摘し続けてきた。しかるに、そのことを真摯に受け止めて、わが国の将来の問題として危惧する者は近年に至るまでほとんどいなかった。「中学卒業者は金の卵[*5]ではないのか」、エリート意識の強い大学卒業者をはじめとして、一定年齢以上のほとんどの者はいまだにそう信じている。

長年、中学卒業者の現状を訴え続けてきた中で、そのことを当事者として証明する事実がようやく出てきた。2011年2月、43歳で芥川賞を受賞した西村賢太さんの私小説である。

西村さんは、1割の子どもが高校に進学しない時代の江戸川区で育ち、母子世帯になってからは住まいを転々とした。中学卒業後、母親からは一人で生きていくように言われて社会に出たが、中学卒業の学歴では履歴書も書けない。求人先から断られ、せいぜい日雇い仕事に潜り込むことがやっとであり、それも長くは続けられない。「無職、ときどき仕事」という日々が続いて「無職中年」になる手前で、西村さんは古書店で働き、文学と出会う。そうして中学卒業後の日々の暮らしを『どうで死ぬ身の一踊り』『二度はゆけぬ町の地図』『苦役列車』など幾冊かの作品に記録していく。大半が事実の記録だと西村さんは述べている。

作品を読みながら、多くの読者は疑問に思うだろう。なぜ西村さんは中学卒業後、高校へ進学しなかったのか。それは本人の責任では全くない。住まいが転々としたこともあって母子福祉の窓口でも生活保護の窓口でも、教師たちも「高校に進学できる」ことを誰も伝えなかったからであろう。母親がそのことを知らないのだから、本人は知る由もない。なお、西村さんは、「(成績が悪く)全寮制のとある高校なら行けたが、寮が嫌で進学しなかった」とも述べている。

西村さんの作品でもう一つ思うことは、彼が中学を卒業した1980年代前半でも、中学卒業者の就職は西村さんが書いているとおり困難なものであったが、それから30年後の今日、中学卒業者の就職はもっともっと困難になっているということである。例えば、1996年には理容師・美容師の専門学校が入学資格を中学卒業から高校卒業に変えている。いつの時代から「〇〇見習い」など手に職をつける職種の言葉もすっかり聞かなくなっている。仕事を一から教えて一人前にしようという「職親」は今日ほとんどいない。

事例1-1　中学卒業者の雇用結果 ―とある印刷会社の場合―

私の知人が営んでいる、町の中の小さな印刷会社があった。知人は、ハローワークを通して3年間、中学校に求人を出し続けた。3年とも中学卒業者はやってきた。毎年、採用したその日に商品を届ける仕事を任せたが、一度も商品は届けられなかった。3人とも地図の見方、交通機関の乗り方がわからなかったのである。知人の雇用主は、求人を3年続けた後、雇用をあきらめた。

様々な就職ガイダンス・職業紹介の冊子を見てほしい。ほとんどが高校卒業程度の学力を求めている。即戦力が求められ、電卓やレジが打てない状態で就職することはできない。いまだに中学卒業者は「金の卵」と信じている人に、この現実を知ってほしい。

ところで、生活困難家庭の子どもたちの高校就学のための制度は1970年代から完全ではないが整えられている。にもかかわらず、なぜいまだに高校進学率が低い自治体や中学校があるのであろうか。

一つめの理由として、生活保護世帯の子どもの高校進学が1969年に認められ、すでに40年を経過しているにもかかわらず、いまだに生活困難家庭の子どもたちは高校に進学できないと思いこんでいる親や教師・地域社会が存在していることが挙げられる。「はじめに」で紹介した市民アンケートのように、「貧しい家庭の子どもは高校に行けなくて当然」という市民意識が続いていたり、つい最近まで、生活保護を1件でも多く廃止しようとして、高校進学を閉ざす自治体すら存在していた。こうした意識の強い中学校区や自治体では、実際には中学卒業後の就職先がない、たとえあってもほとんどが続かない中で、大量の「無職少年」が滞留し、暴走族など非行グループの温床となる一方、早すぎる性体験、妊娠や若年の母子世帯など貧困の二世代化、貧困の再生産が進み、貧困の蓄積は地域の荒廃となって犯罪さえ作り出してきた。

2012年5月の大阪路上殺人事件（2人死亡）の犯人の場合、栃木県那須にて中学卒業、その後県内でブラブラしていてチンピラになり、暴力事件による拘禁を繰り返す。33歳で新潟刑務所を出所後、自暴自棄になっての凶行であった。もしその犯人の生い立ちの中で、まわりに高校就学を勧める人がいたならば、2人の死者は出さないですんだかもしれない。

2013年2月に起きた吉祥寺通り魔殺人事件では、無職少年2人の遊ぶ金ほしさの犯行であった。いずれも両親の離婚等の事情から、高校（1人は定時制）に入学してすぐに退学、「無職少年」になって2年ほどで仲間をつくり、遊ぶ金をつくるための犯行を繰り返していて、ついに殺人に及んだ。

今日、教育の機会が不十分なままに社会に放り出すこと、福祉や教育が使命を放棄することは、しばしば最悪の結果に繋がるのである。

「はじめに」でも述べたように、全国の中でも、富山県ではすでに40年前から高校進学率が

98%に達しており、高校不進学者は長期にわたってほとんどいない。教育、福祉、国や行政の関係者はこの富山県の実態から学ぶべきである。

また二つめの理由として、生活困難家庭の子ども自身の低学力、学力不振の深刻な悩みが挙げられる。生活困難と家庭崩壊にさらされた子どもたちの多くは、小学生の早い時期から学力・生活力の習得の面で遅れがちになり、中学校では学力不振、不登校、非行などの問題を抱えて、家庭的にも本人自身の事情でも自分の将来に希望をもてなくなり、早い時期から高校進学を諦めてしまう。

たしかに、中学3年でアルファベット（ABC）が書けない子ども、九九ができない子どもなど、むしろ9年間よく学校へ通ったと感心するほど深刻な状況の子どもが多数存在している。しかし、それらの子どもたちを低学力のままで社会に出すことは、今日の社会ではまさに貧困の再生産以外のなにものでもない。

ABCや九九がおぼつかない子どもたちだって、機会さえあれば学力をつけ、機会さえあれば高校へ行きたいのである。学力不振のまま高校に入学するのではなく、基礎的な力を少しでも身につけて高校就学することこそがそれぞれの子どもに求められている。

皆さんの中には、「すべての子が機会さえあれば高校へ行きたいと思っている」ことを疑わしく思われた方も多いであろう。これについては、八千代市若者ゼミナールの5年間、江戸川区の中3生勉強会の27年間について詳しく後述する（第2章、第3章参照）。

2　貧困の連鎖 ―教育力に欠ける家庭で、子どもたちはどう成長したか―

１９８０年代の後半から、不登校児の急増が問題になった。それに対して、『学校神話から子どもを解放しよう』[*6]という一見、不登校児・登校拒否児の立場に立った主張も多く聞かれ、一時期教育界の混乱が一部にみられた。１９８２年、文部省は「出席日数にかかわらず進級、卒業させてよい」とする「自由化通知」を出しているが、これは、当時荒れる中学校が続出する中で、学校が卒業式等で荒れないように生徒を「登校拒否」のままに卒業させるためのものである（その通知は、当時私の勤務していた江戸川区の教育委員会から文部省へ出した質問への回答であった）。不登校児が増加しはじめたのは、この１９８２年からである。

その後「自由化通知」はひとり歩きし、不登校の子どもがいても通学させる努力をしない免罪符となって不登校を広げることになった。そのことが不登校急増の背景にあり、登校して教育を受けるか否かの選択は、家庭にまかされてしまう結果になった。しかるに、この問題をみていく上で、不登校児の家庭の多くは生活困難家庭であることを知っておく必要がある。

ここに、あるひとり親（母子）世帯の13年間の記録がある。これは、生活困難な家庭で子どもの教育力に欠けていた場合に見られる、数多くある事例のうちの一つにすぎない。

事例1-2　貧困の連鎖—ある母子家庭の場合—

【生活困窮理由】

日雇い土工の夫は妻のAさんに生活費を渡さず、Aさんはキャバレー雑役婦となって就労し、月7万円ほどの収入で子ども5人の生活を支えた。しかし夫が妻子に暴力を振るうため、妻子は一時別居。後に夫が家（アパート）を出ることで離婚。生活に困って生活保護申請に至ったものである。

【世帯主の生活史】

世帯主（以下、表1-1を含めて「Aさん」とする）は関西生まれ。父は大工で、3歳の時に母と死別。母の弟宅に預けられ、小3の時、父との生活に戻る。父はアルコール依存症のため生活困窮し、Aさんは小5で中退。家の手伝いなどをしていたが、14歳の時、お手伝い奉公として京都に出る。19歳で上京し都内の居酒屋で働く。23歳で土工の夫と結婚。夫は結婚4カ月目からアルコールをあびる毎日で、生活に困窮し続けたが、7人の子どもを産んだ。毎回、経済的に入院できず、また堕《お》ろすこともできず、居宅出産した。6人目の四男は、出産後未熟児だったため入院し、その費用を払ってくれることになった人の元へ養子に出した。

【Aさん自身のこと】

Aさんは不安神経症でずっと通院治療を続けているが、この症状自体が長い貧困の生活史の中でつくられたといえる。字は書けるが、読むことは機会に恵まれず学習していないことから、郵便物一つ自分で読もうとしない。料理・栄養についての知識もなく、ほとんど手料理できず、できあいの物を買ってくる。そのことが、家族全員の肥満や疾病に繋がっている。

本世帯が地域の不登校児たちの不純異性交遊のたまり場になっても、Aさんは見ているだけで子どもたちに注意一つしない。Aさんと子どもの会話の多くは「霊がついている」話であった。子どもの教育についても、Aさん自身から積極的に子どもを学校に登校させようとすることはなかった。

【子どもたちのこと】

長女は、不幸が重なり重篤な状態で入院しており、将来にわたって入院治療を要している。したがって長女は将来にわたって生活保護が必要である。Aさんや子ども自身に栄養等の知識があれば、状況はここまでは進まなかったと思われる。

長男は、最近よく本世帯から生活費（保護費）を持ち出してしまう。非行集団に属していて、24歳を過ぎていまだに「無職少年」である。

二男は、腕力もあり比較的健康であるため自動車解体の仕事を続けているが、最近ほとんどが外国人の就労の業種になっており、収入は限られている。若年同棲中の身であり、現在から子育てする段階になった時どうなるのかの不安が拭えない。
　三男は、病弱で、工務店の手伝いもよく休み、本世帯にいつ戻ってくるかわからない不安定な状況が続いている。

　二女は、中学時代はじめに兄の友人との早すぎる性体験から精神不安定となり、中学中退の結果になったが、現在、本世帯では一番しっかりしており、精神的にも落ち着いている。結婚し家庭をもったことからも、唯一将来が安心できる。
　五男は、この世帯で唯一中学校の卒業者である。高校に進学する以前の問題で、小・中学校担任および福祉事務所ケースワーカーの努力により、やっとのことで中学校3年間を終えることができた。しかし、就職は学校では決められず、結果として兄同様の不安定な就労先を見つけるしかなく、病弱で就労は短期間しか続かなかった（表1－1参照）。

　本世帯をめぐっては、各々の学級担任・学校長・福祉事務所ケースワーカーとも手をこまねいていたわけではない。各々がどの世帯よりも手をかけてきた世帯である。しかし、本世帯を系統的に援助することはできなかった。そこにはこの自治体における、他の自治体と比べても突出した、人事面での福祉事務所ケースワーカーの専門性への理解のなさ、3年ほどで他の職場に異動させてしまうなどの事情があった。

長女が最初に不登校になった時、対策は立てられるべきであった。きょうだいがいる家庭で、上の子の不登校が下の子の不登校を招いている例はこの世帯だけではない。

この世帯の子どもたちの不登校が放置された理由として、すでにこの地域にはこのような不登校児を抱えた家庭が他にも多くみられたことも挙げられる。１人の不登校児をつくること、放置することは、兄弟姉妹においても、地域においても、不登校児を拡大していく危険性をもっていることをこの事例は示している。

私がこの事例にぶつかる前の福祉事務所・生活保護行政は、全国共通して長く経済給付（ないしはそれを厳しくすること）のみが仕事として求められ、「計算ワーカー」でよしとされた。ケースワーカーは多くの自治体において「行政マンなら誰でもできる」と主張され、「社会福祉主事」の資格の有無は無視され続けていた。そうした時期にこの世帯の生活保護が開始されたことも悲劇であった。もしこの世帯の初期の段階で、ケースワーカーが子ども一人ひとりの学習支援や進路保障に取り組んでいたなら、子どもたちの将来は全く異なっていたであろう。残念ながら、本事例を教訓とした江戸川区での子どもへの取り組みが始まる以前、全国的に生活保護行政では子どものこと、子どもの将来を見据えた支援は全く考えられていなかった。

この事例の場合、子どもの時代に学習・進学支援をしなかったことによる社会的負担がいくらになるかを、先に紹介した「１人５０００万円」にならって計算してみてほしい。そして、この世帯が現在、いったい何世帯の生活保護受給世帯に拡大しているか想像してみてほしい。

（Dr：医師　CW：ケースワーカー）

三男	二女	五男	ケースワーカーメモ
			（多くの自治体でCWは事務職の移動先の一つ、社会福祉主事資格のないCWも多く3年程で異動 したがって、毎年のように担当CWが変わる）
9歳　小4	6歳　小1	3歳 ・保育所未措置（CWは日中親が在宅と判断し保育所通所を指導していない）	・生活保護開始 ・CW2年目の男性 ・子どもたちの出席日数が悪い。Aさんが夜の勤めで朝起きられないことが原因
小5	小2	・保育所未措置（親が就労の場合だけでなく通院治療の場合も保育に欠けるので保育所入所できる）	・訪問時、子どもたちが室内で遊んでいることが多い（登校していない）
小6	小3	・保育所未措置	・CW2年目の男性 ・家の中を見て驚いた、日中室内に子どもたちが揃っている、Aさんに生活面などを注意した
中学入学	小4	小学校入学	・中学校校長より「3人とも長欠、学校をあげて通学させるよう努力してきたが、Aさんの協力が得られない」と相談有
・7月「移動教室に参加させたいが登校していない」中学より連絡有 ・3月中学入学後1日も登校していないことが判った	小5	小2	・小・中学校より「各々の子どもたちの給食費が長期間支払われていない」と連絡有（生活保護費は給食費を含めて支給されている）
・日中テレビを見続けて生活している、99ができない、好きなテレビは「西部警察」模型ガンを腰に付けている ※中学卒業ならず	小6 ・すぐ近くの小学校に通っており、とくに学力の遅れはない ・公営住宅入居で、中学入学先が変わる	・すぐ近くの小学校に通っている、明るく育っている ・Aさんの都住申込手続きに同行（CWも同行した） ・小学校転校	・CW10年の男性 ・部屋は万年布団の山 ・公営住宅申込で保証人が見つからず、元夫になってもらう。元夫は単身アパート住まい、大工手伝い

表1－1　［事例研究］ある母子世帯のなかで子どもたちはどう成長したか

	世帯主（Aさん）	長女	長男	二男
	・元夫は土工、アルコール依存症 ・夫が家を出て離婚 母と子ども６人 ・Aさんは不安神経症で通院中 ・生活保護申請	・中２で糖尿病入院 授業についていけなくなったことと本世帯のことを近所の子が言いふらしたことが重なり不登校 ※中学卒業ならず		
1年目	43歳 ・キャバレー雑役婦 夜４～11時の仕事 ・Aさんの就労時間は子どもだけの生活 ・通院を続けている	16歳 ・糖尿病通院を続けていて、就労は困難 ・９月入院11月退院	12歳　　小６	11歳　　小５
2年目	・３月キャバレーを辞め無収入、病状から働くことは困難 ・「子どもが親に反抗するので育てる自信がない」という	・甘い菓子類に目がない、糖尿と食べ物について注意しても深刻に受け止めない	中学入学 ・学校は休みがち、中１出席日数は46日 ・中学担任より「家庭訪問し注意しても登校しない」と相談有	小６
3年目	・投げやりな態度で子どものことの話に関心を示さない ・家主より家賃滞納の相談有（住宅扶助は支給されている）	・「長女の疾病、精神発達の遅れは家庭環境から来るもの」Dr意見 ・10月長女が通院してこないと病院から連絡有	中２ ・４月二男が中学入学のため「兄弟が同学年にならないよう進級扱いにした」と中学から連絡有	中学入学
4年目	・室内はいつも異臭有り、Aさんは整理整頓をしない ・通院し投薬を受け続けている	・11月手足のしびれで外科治療したが原因は糖尿病とDr意見 ・２月痩せ細ってこのままでは死ぬと病院から連絡有	中３ ・２月中卒後は肉屋に就職すると言う ・中学より「卒業認定できない」と連絡有 ※中学卒業ならず	中２
5年目	・家賃を長期滞納、Aさんは支払う意思なく、家主は出ていってほしい意向	・９月要入院となるが前入院時のトラブルから入院できず、家で毎日インシュリン注射 ・１月急に太り出す	・肉屋に１日５時間就労、月収３万円 ・１月から知人の大工宅に住み込み就労 ・人員減	・１月「中学卒業日数が足りないので毎日迎えに行って卒業させたい」と担任から連絡有 ・３月不登校のまま ※中学卒業ならず
6年目	・CWが公営住宅入居申し込み代筆。当選通知・手続き通知もAさんは読まず、CWが玄関で発見 ・３月都住入居	・宗教で知り合った人と見合いし、結婚話が進んでいる	・アパートを借りて独立 ・11月アパートが暴走族の溜り場となり、本人は他の暴走族から襲撃され２カ月の負傷	・５月自動車解体業に就労、ほとんど続かず家でブラブラ ・１月再び車解体業に就労、月収６万円

三男	二女	五男	ケースワーカーメモ
・４月夜間中学入学を勧めるが反応なし ・未就労、ブラブラが続く ・11月近所の女の子と昼間寝ている	中学入学 ・４月男の子のバイクの後に乗っている ・11月低血圧入院 ・二男の友人と不純交遊→霊にとりつかれ→２月精神科入院	・担任より「５月は３日のみ登校」と連絡有 ・２月は５日のみ登校「Ａさんが寝坊して子どもを学校へださず」	・ＣＷ20年目の女性 ・全員肥満、栄養の偏り手料理しないことが原因、全員コーラを常用
・知人の工務店に預けられ就労、月収５万円 ・７月就労やめている ・12月車解体業に兄と就労	・４月退院長女宅へ ・７月林間学校へ行く、帰って再度妄想 ・林間学校で他の人の金品を盗んでいた→９月から不登校 ・中２出席日数50日	・５月休みがちだが通学している（ＣＷが朝様子を見にいく） ・11月より登校日増え６年に進級できる	・ＣＷ３年目の女性 ・Ａさん、子ども浪費、美食（丼物をよくとる）、生活の工夫がない
・９月身体が弱く仕事は休みがち ・10月車解体業をやめる ・１月他の車解体業に就労	中３ ・５月病状おちつく ・９月通院が途絶えている ・中３出席日数なし	・登校日１学期は半数、２学期は時々 ・担任「近所の子を朝迎えにやらせるが、Ａさんが非協力的」 ・３月卒業式に出た	・ＣＷ２年目の女性 ・訪問しても誰も出てこないことが多い ・３月末中学学生服注文していず、Ａさんに注意した
・10月知人の工務店に再就労 ・１月工務店宅に住込み就労 ●人員減	中３留年 ・通学の意思なし ・皮膚湿疹がひどく治療を続ける ※中学卒業ならず	中学入学 ・入学式にも参加した ・夏休みプールにも参加 ・登校しない日が月に数日ある	・目ざまし時計がなく、Ａさんに注意。知人からもらってセットしていた ※不登校であっても、校長の判断で卒業はできる形式卒業者と言われる
	・４月留守番兼子守のお手伝いで就労、月収６万円 ・精神的には安定している		・ＣＷ２年目の女性 ・元夫は肝臓病のため死亡。アルコールから抜け出せず、葬式の費用も残っていなかった
・本世帯へよく戻ってきている	・弁当店にパート就労	・６月「高校は勉強できないから希望しない」と言う ・11月中学生勉強会への参加を呼びかけるが参加せず、そのまま中学卒業	※担当福祉事務所では、その後本世帯の事例を職員研修資料として作成、被保護世帯の自立支援は経済給付だけでなく、小学生の早い時期から「すべての児童が高校進学できることを知って、高校進学の夢を持てること」が大切とした。 ※本事例はその後自治体や厚生省が貧困世帯の援助で「児童を重視」する契機となった。
21歳 ・病弱のため仕事は休みがち	18歳 ・同棲し、結婚 ●人員減	15歳 ・中学では就職決まらず ・５月知人の工務店に大工見習いで就労 ・１月胃痛で入退院、その後病弱で働けず	

ークを求めて―』 川島書店 1991年

	世帯主（Aさん）	長女	長男	二男
7年目	・通院・投薬を続けている、不安神経症は精神保健法該当 ・この時期世帯が子どもの不純な遊びの溜まり場になるがAさんは注意せず	・よくデートしている ・不在が多くなる ・12月結婚 ●人員減	・ブラブラしている	・夏から就労せず、ブラブラ ・10月材木店で働く
8年目	・通院中、稼働は困難 ・「霊によって二女が怪我をした、公営住宅には霊がいる」Aさん・子どもたちも信じている	・二女精神科入退院後長女宅で一時預かって二女を通学させる		・材木店月収　６万円休みがち ・12月車解体業に就労
9年目	・２月公営住宅には霊がついていると家族全員で信じ込み、福祉事務所には無断で木造アパートに転居	・家庭はおちついている		・休みがちだが就労
10年目	・６月顔色が悪い ・７月不眠で困っているが通院していない ・８月通院を始める肝炎もある	・４月糖尿病悪化 ・12月夫と別れ帰宅妊娠したがDrより「糖尿重く出産困難」と言われ、夫が家出したもの ○人員増 ・眼底出血にて中絶	・二男が家を出たため、よく家に出入りするようになった	・５月近所の子と同棲 ●人員減 ・仕事は車解体業で収入は低い
11年目		・視力低下、失明が心配される		
12年目		・視力低下、失明状態、物に伝わって移動		・本世帯にはあまり戻らないとのこと
14年目	55歳 ・長女の入院先に週３日付添（透析中） ・不安神経症で通院を続けている	20歳 ・６月胃炎悪化により入院。人工透析を要し失明も重なり、将来にわたって要入院	24歳 ・仕事は休みがち、ブラブラしていることが多い ・Aさんの生活費をよく持ち出してしまう	20歳 ・生活は不安定だが妻のパート就労と合わせて生計を維持できているとのこと

参考：田辺敦子他『ひとり親家庭の子どもたち―その実態とソーシャル・サポート・ネットワ

3　生活保護受給母子世帯調査と貧困の連鎖

母子世帯に限ると、母子世帯の8割に及ぶ98万6000世帯が離別等による児童扶養手当受給世帯であるが、手当が該当するのは年収365万円以下の低所得世帯である。そのうち、約11万世帯が生活保護を受給している。87万世帯は生活保護が受けられるほどに低所得であるが、にもかかわらず生活保護を受給していない。ここから、児童扶養手当の受給額は驚くほど少額であるにもかかわらず、生活保護の手前のセーフティネットになっていることがわかる。

そうした中で、生活保護行政において保護の縮小が叫ばれるたびに、稼働年齢の生活保護受給者は2000年以前は母子世帯以外はほとんど該当者がいなかったため、何度も生活保護受給母子世帯にターゲットが絞られ、保護の廃止が求められてきた。2000年代になって母子加算の廃止とともに生活保護の現場で生活保護受給母子世帯の「母子自立支援プログラム」の作成が求められてきたのもそのためである。

そうした国の「母子自立支援プログラム」のモデルとなった先進都市において生活保護受給母子世帯の調査が行われたが、その調査結果が注目される。受給母子世帯の母親の就学歴についてである。

【北海道釧路市2006年調査】

17・5％が中学卒業、16・8％が高校中退、合わせて34・3％

【千葉県八千代市2007年調査】

26・9％が中学卒業、16・4％が高校中退、合わせて43・3％

生活保護受給母子世帯では、高校就学ができなかった、ないしは不十分に終わった母親が3～4割に及ぶのである。これらの母親は高校進学率がすでに全国平均95％以上の時代の中で、中学卒業あるいは高校中退となっている者であり、各地域の福祉行政と教育行政が高校就学を徹底するための教育支援・学習支援を行っていたら、これらの母子世帯の貧困は縮小できたと判断される。この二市の調査では、学力・知識に欠けた彼女たちの就労は容易ではなく、大半が短期の就労で終わってしまい、その繰り返しが続く。

私のインタビュー調査の中で「母子世帯になって働き始めたが、職場を点々とし、今までに34回職を変えた」という母親がいた。「自分の住む地域では、これ以上頼めるところはない」と私に訴えてきた。このように仕事を点々としている母子家庭の母親は多い。そうした中で、生活の疲れが精神的な疲れとなり精神的な疾病になる母親が多く、先述の2市とも生活保護受給母子世帯の1／3を占める。これらの家庭で育つ子どもが、学力も生活力も身につかず、貧困の連鎖、生活保護の二世代化になることは避けられない。

けれども方策はある。前述した富山県は40年近く98％以上の高校進学率が続いており、同様の期間、生活保護率は全国最低を記録している。生活保護受給世帯の子どもは、小・中学校あわせて全児童の0・04％（2007年現在、大半の都道府県が1・00％以上）にすぎない（第

4章：表4－2参照）。富山県の中学校における高校進学の指導は徹底しており、その結果、富山県は女性の就労率が全国一となり、2012年度高卒者の就職率も全国一であった。

富山県では、大半の人が10年ほどの正規雇用期間があるため、無年金高齢者になることはほとんどなく、しばしば全国一豊かな県だと言われるのは当然なのである（正規雇用期間が10年ある高齢者の年金は月9万円になる。高齢者で年金が少ないため生活保護受給になる、といった事態を避けられる）。

2010年、高校授業料無料化が実現したが、それでも高校進学率が95％以下の自治体や中学校がいまだに存在している。今日の社会で高校へ行けない環境におかれた子どもたちの多くは、就職もできず、就職したとしても長続きせず、引きこもるか地域でブラブラすることになっていく。今日、少年事件が報道されるたびに、高校就学年齢であるが高校に通っていない「無職少年」が関わっていることが報道されるが、いまだそれらに疑問を持たない社会が存在している。都市に大量の無職少年が滞留すると、暴走族など非行グループの温床となる一方、早すぎる性体験、妊娠や若年母子世帯などで貧困の二世代化、貧困の再生産が進む。

たった2％とはいえ、残されている高校不進学の子どもを放置し、高校進学率を100％に近づける努力をしないままでは、教育の機会均等は実現できないし、貧困の世代間継承、地域の荒廃は防げない。

この問題に関して、2005年から生活保護世帯の高校生に高校等就学費が支給されるようになったことや、その経過は、当時から今日まで新聞各紙では全く報道されてきていない。２０１２年２月17日付『毎日新聞』の「15歳の春異変」の中で１行だけ紹介されたのが初めてである。

今日では、生活保護世帯の高校生等を対象に高等学校等就学費が、そして小・中・高生を対象に学習支援費が支給され、児童養護施設の高校生には特別育成費として高等学校等就学費に加え、大学進学等自立生活支度費が支給されている。これらは、生活困難家庭の子どもの勉学意欲を壊さない効果だけでなく、高校就学を憲法第25条の最低生活保障・生存権の一つとして位置づけることで、貧困の連鎖・再生産を防止するという視点に立っている。これらのことは、広く国民に伝えられるべきである。

４　生活保護世帯と高校進学

この40年間を見ると、ずっと高校進学率が１００％に近い県がある一方で、都道府県や市町村によって高校不進学の子どもが５％に近い自治体や中学校がいまだ存在している。この間の様々な調査によると、これら高校不進学の子どもの多くは生活保護世帯、母子父子世帯ないしは低所得世帯の子どもである。生活保護世帯の子どもの高校進学率は90％を割る状態が続いてきた。これは、２００５年に高等学校等就学費が支給されるまで、生活保護世帯の子どもの高校進学に積極的に取り組まない自治体や福祉事務所が多かったことによると思われる。

そうした制度の欠陥を補う方法として福祉事務所では、生活保護費では支給されない高校就学費を補充するために各々の子どもが各種奨学金、就学資金を借りることを勧めてきた。また、成績等の条件により借りられない場合も、母子世帯に対しては福祉事務所で手続きする「母子・寡婦福祉資金貸付金：修学資金等」、その他の低所得世帯に対しては都道府県社会福祉協議会からの「生活福祉資金：教育支援資金」が用意されており、これらの方法で、高校進学を実現していた。なお、この問題に積極的に取り組む自治体では、独自に生活保護世帯に就学資金を支給した自治体もあった。

しかし、実際の支援にあたる担当ケースワーカーが、生活保護世帯に対して、積極的にこうした制度の説明をすることは少なく、そもそも仕組みさえ知らないケースワーカーも多く、生活保護世帯となった時点で高校進学を諦める場合も少なくなかった。まして、大半の自治体で、生活保護を受けていないが経済的に高校進学できない事情のある低所得世帯に「生活保護を受けて高校進学するように」と勧めるような積極的な支援はされてこなかった。

このように、制度自体が積極的に高校就学を進める仕組みになっていなかったことや、多くの自治体でこの問題に関して消極的な受け止めがあったことから、近年まで「生活保護世帯は高校進学できない」と思っている中学校教師や民生（児童）委員、「生活保護世帯の子どもは早く働いて保護費を減らすべきだ」という考えの福祉事務所ケースワーカーや行政の関係者が少なくなかった。その結果が今日の「貧困の連鎖」を作ってきたのである。

5　生活保護世帯・生活困難家庭の高校進学の取り組みで実現できたこと

前述のように富山県では、生活保護率が全国で最も低く、また女性の就労率が高い。これは、高校就学が貧困の世代継承を中断させる重要な政策であることを示唆している。

一方、高校不進学者が多く残されてきた都市等においては、高校進学も就職もできない16、17歳の無職少年層が形成され、就職できたとしても不安定な場合が多く長続きせず、家庭崩壊等により生活保護世帯になっていくという貧困の連鎖、貧困の世代間継承、貧困の再生産になる事例が少なくなかった。

江戸川区の福祉事務所では、ケースワーカーたちが、中学3年の三者面談の際に、高校不進学の意向だった子らを夜の役所に集めて「江戸川中3生勉強会」を開いている。すでに27年になるが、学力不振、不登校、非行のまっただ中にいて、教師に聞かれた時は『勉強は嫌いだ』「進学はしない」と告げるこれらの子どものほとんどが、この勉強会を知った日から夜の勉強会に通い、高校進学に希望を見つけているのである。

これは、学力不振のまま社会に出ることに対する彼らの不安が、いかに大きなものであるかを表している。そして、「九九ができない」「ＡＢＣが読めない」不安は、実際はほんの少しの援助で容易に解決できることをこの勉強会は長期に渡って証明してきている。

このような事例から、各地の福祉事務所ケースワーカーは国に対して、生活保護世帯の高校就学経費について小・中学生の教育扶助と同様の扶助を適用するなどの改善を長く求めてきた。そして国はようやく、2004年の社会保障審議会専門委員会の検討と意見具申を受けて、2005年4月から生活保護世帯の高校就学費を「生業扶助」として支給することを決めたのである。

さかのぼって、1958年4月、生活保護世帯の子どもの定時制高校就学が「世帯分離[*7]」という形で認められた。定時制高校生は、自活しているとして、世帯人員に含めない措置で進学を認めたものであった。以後、生活保護世帯の子どもの定時制高校修学が一般化した。

しかし、高校進学率が急速に高まる中で、全日制高校進学を希望しながら、生活保護世帯であるがために全日制修学を福祉事務所での指導によりあきらめさせた場合が少なくなかった。

1969年4月、生活保護世帯の子どもの高校進学は同一世帯内で全日制・定時制を問わず認められるようになった。このことは本来ならば、日本国内に、高校進学ができないような経済的困窮世帯は存在しなくなったことを意味する。経済的に苦しくて、高校に子どもを進学させることができない家庭があるとすれば生活保護を受給し、経済的に困窮・不足する分を保護受給して、子どもを就学させればよくなったのである。

事例1－3　私の悔い

私ごとであるが、１９６９年の前々年に就職して福祉事務所ケースワーカーとなった私は、１９６８年春、「中学卒業後、全日制高校へ進学したい」という生活保護世帯の子どもに対し、「全日制は認められない」と、昼間働いて夜定時制高校へ通学するよう、進路を変更させたことがある。福祉事務所の近くにその子どもの通う高校があったため、私の帰庁時とその子どもの定時制高校登校時が重なり、毎日のように顔を合わす。「１年早く全日制就学が認められていたら」との思いが今も胸に悔いとなって残っている。

それでも、定時制に進学した子どもはまだよいのかもしれない。まわりのほとんどの子どもが高校進学する中、進学できない子どもの思いはどんなものだろうか。

本題に戻そう。生活保護世帯の子どもの高校進学が認められるようになったにもかかわらず、20年近くたった１９８０年代、まだ高校進学率が95％から伸び悩んだことは関係者の努力不足と言える。事実、現在においても生活保護世帯の親たちだけでなく、教師や地域の住民も、まだ生活保護世帯の子どもは高校に行けないと思いこんでいる場合が少なくない。

高校進学率の都道府県比はアンバランスなもので、１９８０年代には低下傾向が見られた県すらある。各都道府県の教育委員会でまとめた市町村比で見るともっとアンバランスである。

愛知県は富山県と対照的に2007年まで長期にわたって高校進学率が全国最低となっていたが、同県では前述のアベック殺人事件や児童自立支援施設職員強盗殺人事件[*8]に示されるような子どもの世界の荒廃、いじめ事件の多発、「無職少年」の増加が危惧されてきた。また、埼玉県は1989年、高校進学率が前年より1%もダウンしたことがあった。これは革新県政で高校を増設しながら「国直轄」と呼ばれる福祉行政が続く一方で、母子世帯等で生活保護も受給できず、高校進学をあきらめた世帯が増加したことが原因だった。

しかし、そうした高校進学率の低い府県や地域では、県内・地域内に貧困世帯を蓄積させるだけの結果となったことは、今までに述べたことで明らかである。富山県を始め、進学率の高い府県は生活保護率は低いというあたりまえのことを、教育の側も福祉の側もきちんと考えるべきである。

生活保護率の減少は、福祉の引き締めによる場合が多いが、高校修学という教育力による場合もある。後者だと断定はできないが、前述の江戸川区では、1990年代になって生活保護世帯の子どもの高校進学率の増加とともに生活保護率が減少したのである。

6　生活保護制度の在り方に関する専門委員会の高校就学の考え方

2004年4月20日、「第10回社会保障審議会福祉部会生活保護制度の在り方に関する専門委員会」では、生活保護世帯の子どもの高校就学について、３つの観点から論議が行われている。第1は一般の高校進学率との関係の観点、第2は最低生活の保障の観点、第3は貧困の再生産の防止、自立助長の観点で、委員会ではいずれの観点からも高校就学とその経費の保障を積極的に認めていく方向で検討が行われた。

①　一般の高校進学率との関係

１９６９年に生活保護世帯の子どもの全日制高校就学が認められたのは、当時一般世帯の高校進学率が80％を超えて急激に上昇したことが大きい。生活保護においては、地域の一般世帯に理解される最低生活保障の水準として、日用生活用品等において「一般世帯での普及が70％を超える場合に保有を認める」としてきたが、高校進学についても同様の判断によるものであった。

②　最低生活保障

今日の雇用状況等の観点から、「高校就学は保障すべき最低生活に位置づけてよい」と明記されている。今日の雇用関係は、かつて中学卒業者が金の卵と迎えられ、職親が丁寧に仕事を教えて一人前に育てた時代とは全く異なっている。即戦力が求められ、どこの職場であっても、どんな職種であっても、就職したその日から電卓、レジを打ち、パソコンを使うのである。最低限、瞬時に一定の正誤の判断ができる能力が求められる。対人関係等においても同様、一定レベルの生活能力、生活知識、生活技術、社会性が求められている。

今日、学歴、学力のない無職少年を雇用する企業はほとんどない。そうした中で、高校就学を「最低生活保障」の一つに位置づけ、その経費を保障すべきとしたことは画期的な意味を持つ。

③　貧困再生産の防止、自立助長

生活保護制度では、高校就学の意味を最低生活保障のみならず、「貧困の再生産の防止、自立の助長の観点に立つべき」であるとしている。

生活保護世帯の子どもの多くは、親の生活を見てきたことにより高校進学の希望を持てず、早い時期から学習意欲をなくして低学力になり、そのために進学も就職もできない状態が作られ、結果として不登校・非行が多い地域となって地域が荒廃するといった、「貧困の再生産」の温床になってきていた。これらは、必要な支援が行われれば防げることであった。生活保護世帯に限らず、母子父子世帯ないしは低所得世帯の場合も同様である。

生活困難家庭の場合、子どもの高校就学が世帯全体の自立に果たす効果は決定的に大きい。例えば生活保護世帯の場合、子どもが高校卒業後に就職し、正規雇用で賞与認定されることによって世帯の生活保護が廃止になる場合が多い。一方で高校不進学の場合、それらの子どもの多くが途中でその世帯から離れざるを得ないため、世帯の生活苦はその後も続いていく。したがって、単に子どもが貧困の再生産を繰り返さないことだけでなく、世帯全体の社会的自立の観点からも、これらの世帯の子どもへの高校就学援助の徹底が求められるのである。

7　生活保護世帯の子どもの高校就学経費、生業扶助にて支給

前述の「生活保護制度の在り方に関する専門委員会」において、生活保護世帯の子どもの高校就学経費の支給方法については、次のように検討されている。

義務教育期間に限ってきた「教育扶助」を高校就学期間に延長する場合、厚生行政の枠を超えて義務教育のあり方について再検討を要することになる。また、ドロップアウトした高校中退者が再度教育を受ける場合にはどう対応するのか等の問題が生じる。そのため委員会では、高校在籍期間を「生業扶助」における「就労のために必要なもの」の対象とし、世帯全体の自立支援の観点からその子どもの高校卒業後の就労支援計画までを位置づけることによって、世帯の申請により個々に支給を決める方法を提案した。

この意見具申を受けて、厚生労働省は２００５年4月第61次生活保護基準の改定において、「生業扶助」の一つとして「高等学校等就学費」支給を行うこととした。

具体的には、小・中学生に対する「教育扶助」と同様、学用品費・通学用品費等の「基本額」、学級費・生徒会費等の「学級費等」、必要最小限度の「通学費」、学生服・鞄・靴等の「入学準備金」、また、義務教育でない高校の特性に対応するため、都道府県公立高校授業料相当額の「授業料」及び「入学金」、公立高校相当額の「受験料」が支給された。また、教科書等の図書については「教材費」として実費支給が行われる。なお、私立高校進学の場合の受験料、入

学金や授業料については、上記公立高校相当額を超える部分について各種奨学金、就学資金貸付を借りて当てることになる（表1－2参照）。

このことによって、担当ケースワーカーは、高校就学中、絶えずその費用を把握することが求められるようになり、高校生だけでなく中学生の段階で、事前に「高校就学」の場合の経費の支給について指導せざるを得なくなった。それまで生活保護世帯の子どもの問題に関心をもたなかったワーカーも、また福祉事務所・自治体自体も、否応なしに関心を持たざるを得なくなったのである。しかも、高校就学に実際に必要なすべての費用について把握して支給するのであるから、ケースワーカーは親だけでなく、子ども自身と対話し、保護費の計算に協力してもらうことが欠かせなくなった。ケースワーカーの仕事の方法が大きく変わったのである。

しかしながら、残念なことにこれらの経過や主旨が、福祉事務所関係者以外にはほとんど伝えられなかった。密接に関係する教員等の教育関係者や地域の民生（児童）委員、行政の関係者等に情報がきちんと伝えられ、理解がなされなければ「子どもの進学の権利」が意味をなさなくなってしまう（表1－3参照）。

表１－２　生活保護基準額表・生業扶助高校就学費一覧

<table>
<tr><td rowspan="17">生業扶助</td><td>生　業　費</td><td>技　能　修　得　費</td><td>就　職　支　度　費</td></tr>
<tr><td>45,000円以内
（特別基準）
75,000円以内</td><td>75,000円以内
（特別基準）
124,000円以内
（自立支援プログラム）
年額199,000円以内</td><td>28,000円以内</td></tr>
<tr><td colspan="3">高等学校等就学費</td></tr>
<tr><td>費　目</td><td>給付対象</td><td>基準額</td></tr>
<tr><td>基 本 額</td><td>学用品代、通学用品費</td><td>5,300円</td></tr>
<tr><td>学 級 費 等</td><td>学級費、生徒会費</td><td>1,700円以内</td></tr>
<tr><td>通 学 費</td><td>通学のための交通費</td><td>必要最小限度の額</td></tr>
<tr><td>授 業 料</td><td>授業料（無償対象以外）</td><td rowspan="3">都道府県公立高校の授業料、入学料、受験料の額以内</td></tr>
<tr><td>入 学 料</td><td>入学金</td></tr>
<tr><td>受 験 料</td><td>入学考査料</td></tr>
<tr><td>入 学 準 備 金</td><td>学生服、カバン、靴等</td><td>61,400円以内</td></tr>
<tr><td>教 材 費</td><td>教科書、ワークブック、和洋辞典、副読本的図書</td><td>実費支給</td></tr>
<tr><td>学 習 支 援 費</td><td colspan="2">5,010円</td></tr>
<tr><td>災害等の学用品費の再支給</td><td colspan="2">26,500円以内</td></tr>
<tr><td>災害等の教科書等の再支給</td><td colspan="2">26,500円に加えて、教材費として支給対象となる範囲内で必要な実費</td></tr>
</table>

注：第69次改定生活保護基準額（2013年８月１日）による。

表１－３　生活保護世帯の子どもの高校就学のしくみの経過

１．1969年３月まで、生活保護制度は生存権・最低生活の保障であるので、義務教育を終えた子どもは働いて収入を得るように努めなければならない。夜間定時制高校に通う場合はその児童を世帯分離して世帯員から除くため、就労収入を自分で使うことが認められていた。 ２．1969年４月～2005年３月、特別奨学生等奨学金・就学資金貸付が予約できた者等に限って全日制高校進学・就学は認められた。実際にはこの段階で全日制高校進学は認められたが、高校進学に消極的な自治体・福祉事務所も多く、それらの自治体では無職少年をつくる要因になった。高校就学の場合食費等は生活保護によるが、いっさいの高校就学経費は支給されず、奨学金によって賄うこととした。 なお、定時制高校に進学した場合は、世帯員のままで、就労収入は一定の定時制高校就学費用を除いて全額保護費から差し引くことになった。 ３．2005年４月以降、国の生活保護のあり方検討委員会で検討され、今日の高校就学は、健康で文化的な最低生活保障として保障されるべきものであり、高校就学に要する具体的経費は「生業扶助・高校就学費」として支給されることとなった。このことでわが国のすべての児童の高校就学の保障が実現した。 ただし、私立高校の場合は公立高校に準じるまでとし、不足分は奨学金・就学資金貸付を活用することとなった。 ４．2009年７月以降、今日の生活保護世帯の児童の学力不振による貧困の再生産防止のため、学習費用について小・中学生には教育扶助に「学習支援費」を追加、高校生には生業扶助・高校就学費に「学習支援費」を追加し、現在支給されている。 ５．2010年４月以降、貧困の連鎖防止のため生活保護家庭の児童の学習支援・中学生勉強会をＮＰＯ法人、地域・自治体で行う場合に、学習ボランティアの交通費等が国の「生活保護自立支援事業」から全額支給されることとなった。

※筆者作成

8　児童福祉施設の子どもの高校就学

かつて児童養護施設、児童自立支援施設等に在所する子どもは中学卒業後すぐに施設から出て自活していくしかなく、その時点で措置は解除された。当時、中学卒業で施設から社会に出た子どもたちの多くは、不安定な就労のため転職を繰り返し、非行グループに声をかけられその一員となり、あるいは早い結婚と出産、離婚など様々な問題に直面していったが、こうした子どもたちの相談先、相談相手は数少ない自立援助ホームを除いてどこにもなかった。この時期、多くの児童養護施設出身者の「貧困の再生産」や「要養護児童の再生産」の事例が見られるようになっていた。

次に、私の担当した事例を紹介する。

事例1－4　母の逃避　―児童養護施設への拒絶感―

長屋の住人から、母子世帯の母親が帰ってこない、2人の子どもが置き去りにされていると連絡があり、近所の民生委員におにぎりを届けてもらった。数日たっても母親は戻らず、パート先の男子従業員と家出したことがわかった。

無学の母親は、どこにパートに行っても仕事は単純できつく、長続きしなかった。仕事にも子育てにも疲れた結果の逃避行であった。

最近結婚して近くに住む長女に相談すると、長女世帯が2人の妹を引き取ることになった。母親は、最初の男と姉弟の2子を産んだが、姉弟を捨て、次の男に走った過去がある。その際、姉弟は児童養護施設に預けられたが、中学卒業後、姉はゴルフ場のキャディで就職、弟は工員となり単身アパートに住んだ。姉は雇用先で弄《もてあそ》ばれ、弟は非行で補導が繰返された。そうした過去から姉は「2人の妹は絶対に施設には入れない」と引き取りを決意したのである。


児童養護施設から15歳で社会へ出ることが子どもにとってどのように困難で、大きな悩みになるかが分かる。そうした状況を目《ま》の当たりにしていた各地の児童福祉施設の現場では、長年にわたり施設から高校に進学させる取り組みが進められてきた。

全国養護施設協議会などの取り組みや、1972年の国会審議での厚生大臣の「高校就学への道を開く」答弁を受けて、1973年5月、厚生省児童家庭局長通知「高校進学の実施について」が出された。この通知により、中学生の成績優秀者に限り公立高校進学を認められ、就学費用について措置費に特別育成費が追加された。しかし、この制度は限定されたものであったため、養護施設出身者の高校就学率は長く30％台に留まっていた。都道府県によっては補助がないため、高校進学率が20％未満の自治体も見られた。

児童福祉施設からの訴え、そして福祉事務所のケースワーカーによる地域における中卒者の現況の報告が相次ぐ中で、1989年4月、厚生省は、児童福祉施設が積極的に高校進学に取り組むよう「養護施設入所児童等の高等学校への進学の実施について」「教護院入所児童の高等学校進学の取扱いについて」という通達を出した（表1－4、表1－5）。[*9][*10]この通達は、「特別育成費適用基準」の改正により、すべての措置児童を対象に高校就学期間は措置が継続されることとともに、高校就学経費を公立高校のみでなく、私立高校においても保障するもので、施設の現場において画期的なものであった。

この通達により、児童自立支援施設（当時は教護院）の北海道家庭学校では、1996年に夫婦小舎制[*11]による「高校生寮」を新設し、施設の中で学んで中学校を卒業した子どもたちが高校生寮から地元の高校に3年間通い、高校を卒業して社会に出るための支援方法を整えた。こうした高校卒業までの「社会的養護」が全国の児童養護施設、児童自立支援施設で行われるようになった。

それにもかかわらず、1995年、千葉県の恩寵園[*12]では、入所している子どもに進学の機会を与えず、当時すでに一般の児童養護施設の子どもの高校就学が80％を超えていた時点で、高校進学率が15％未満でしかなかった。高校進学率だけをとっても同施設の処遇に問題があることがすぐにわかる実態であった。

さらに1997年、児童福祉法の改正で、各児童福祉施設での措置は20歳になるまで可能と

表１－４　養護施設※入所児童等の高等学校への進学の実施について

〔序文〕要保護児童の福祉の向上については、かねがねから格段のご協力を煩わしているが、今般、養護施設入所児童等の高等学校への進学にかかる特別育成費について、所要の改善が行われたことに伴い、別紙のとおり『養護施設入所児童等の高等学校への進学実施要領』を定め平成元年〔1989年〕４月１日から実施することとしたので通知する。

　進学実施要領
〔目的〕養護施設入所児童等が高等学校に進学することにより、豊かな教養と専門的技能を高め、社会的自立を促進し、児童福祉の向上を図ることを目的とする。

〔特別育成費の内容〕高等学校の教育に必要な経費であって、授業料、クラブ費、生徒会費等の学校納付金、教科書代、参考図書代、学用品等の教科学習費、交通費、通学用品等の通学費等である。

特別育成費加算を支弁する。内容は、高等学校入学に際し必要な制服、靴等の経費である。

〔実施上の留意事項〕児童の進路指導に当たっては児童の学習意欲を高めるよう継続的な指導を行うとともに、中学校との連携を密にし、児童の個性、能力、趣味関心を尊重した適正な進路指導をおこなうこと。

高等学校に進学した児童と他の入所児童との生活形態の差異に留意し、その処遇に十分配慮すること。

※：養護施設＝現在の児童養護施設。本文参照。
出典：1989．４．10厚生省児童家庭局長通知 no265-６

表１－５　教護院※入所児童の高等学校進学の取扱いについて

〔序文〕教護院入所児童の社会的自立の促進を図るため、平成元年度から教護院入所児童についても、高等学校進学に要する費用〔特別育成費〕を支弁の対象にすることとし、併せて年長児童の処遇体制の整備を図ることとした。

〔趣旨〕教護院は家庭環境等の影響を受け非行傾向を示す児童の教育保護を行い、非行を除くことを目的としている。非行行動は家庭、地域、学校における不適応行動として現れることが多いことから、教護院においては児童本人の性向改善の援助に加え、家庭復帰または社会的自立を円滑に進めるための処遇の充実が重要である。

　このため、高等学校進学を希望するものの、措置を解除して家庭から高等学校へ通うには未だ不安がある場合、家庭環境の改善調整になお一定の期間を要する場合または養護施設、里親等への措置変更を行うには困難な状態である場合等に、一定期間、教護院における指導を継続しつつ、児童を高等学校に通わせることにより、その社会的自立に資することを目的にして特別育成費を支弁するものとし、併せて年長児童の処遇体制のいっそうの整備を図るものとする。

〔実施にあたっての留意事項〕従来から教護院においては、情緒の安定や基本的生活習慣の確立を目指した生活指導、学力の遅れを取り戻し増進させるための学科指導および職業への興味関心を助長する職業指導が重点的に行われてきたが、さらに高等学校進学に対する意欲を増進させる指導を充実させる必要があること。

※：教護院＝現在の児童自立支援施設。本文参照。
出典：1989．４．10厚生省児童家庭局長通知 no265　7

改められ、定時制高校卒業や一年遅れの高校就学などにも対応できることとなった。また、現在では、専門学校や大学進学についても、「大学進学等自立生活支度費」が支給されるようになり、子どもたちの進路相談に積極的にアドバイスすることが求められている。

このような経過により今日、全国の各児童養護施設等では「18歳年度末までの養護」進路保障の取り組みにさらに力を入れることができるようになった（表1－6参照）。

事例1－5　児童福祉施設の高校生は今…

私は2004年から4年間、愛媛県の大学に勤めており、その間、社会福祉士・保育士の実習訪問等で県内の児童養護施設の大半を訪ねることができた。いずれの施設でも中学生の高校進学に力を入れており、関係者の「中途半端に虐待の再発の危険性のある家庭に戻すよりも、しっかりと勉強させて、施設から高校を卒業させて社会人として送り出したい」との決意を聞くことができた。例えば、愛媛県の10カ所の児童養護施設は、毎年夏に共同で「高校生のつどい」を開き、各施設の高校生の討論と交流の場を設定し、高校生が自発的に自分の進路を切り開くための支援を続けている。このように児童養護施設において高校就学が定着した事実を知ってとても感激した。

また北海道家庭学校に「高校生寮」が設置される前後、私は数回に渡って家庭学校を訪ね、当時の谷昌恒校長に私の取り組んでいる江戸川区の中学卒業「無職少年」と非行の関係、彼らの高校就学の意味を伝えてきた。

明治期に家庭学校を創始した留岡幸助は、教誨師として北海道の監獄を歩く中で、「大人の犯罪者は13～15歳の非行から犯罪を繰り返していることが多い。非行の時点で少年を更生させることが大切である」と国に働きかけ、各府県に感化院をつくるが、これは現在でもそのままに言えることであり、谷校長には「江戸川中3生勉強会のスタッフたちは勉強会でわかったことを『大人を急ぐ15歳、ゆっくり大人に18歳』としてまとめている」ということを伝えた（私は密かにこの伝言も、「高校生寮」を設置する一つの契機になったものと思っている）。その後、高校生寮での高校生の育ちの支援は、予想外に大変なものであったと、谷校長、そして引き継いだ小田島好信校長から聞かされた。施設の地元の高校へ通う、そうした中で女子高校生とつきあう少年も出てくる。保護者から高校へ苦情が寄せられる。「高校時代は男女の交際禁止」を指導することになる。また、入退所の多い児童自立支援施設では、しばしば寮長夫婦に隠れて喫煙が繰り返されたりもする。高校3年間をしっかり見守ることは容易ではないという。

表1－6　児童養護施設の子どもの高校就学のしくみの経過

1．1973年4月まで、児童虐待等家庭が恵まれない中で児童養護施設に入所した子どもは、中学卒業・義務教育を終えると、施設から社会に出て働かなければならない。その時点で施設の入所措置は解除された。ただし、当時施設の努力によって費用を捻出し、高校就学に力を注いでいた児童養護施設も少なくなかった。 2．1973年5月「高校進学の実施について」厚生省児童家庭局長通知により、成績優秀者に限って公立高校進学を認めることとし、就学費用について措置費に特別育成費が追加された。高校進学に積極的に取り組んだ都道府県および施設と児童処遇の公平を理由に積極的に取り組まなかった府県および施設に違いが生じた。 3．1989年4月「養護施設入所児童等の高等学校への進学の実施について」厚生省児童家庭局長通知により、必要な入学金、授業料、その他の経費は措置費の「特別育成費」として都道府県から支給されることとなった。本通知は全国の施設に入所児の高校進学に積極的にとりくむよう促すもので画期的なものであった。高校就学に必要な費用は公立・私立を問わずに全額支給される。高校卒業後は施設から社会に出て自活を支援する。 4．2006年4月以降は、高校卒業後さらに大学進学等をめざす児童は、「特別育成費・大学進学等自立支援支度金」が支給できることとなった。その場合、大学生活は施設から出て、生活費・学費は奨学金およびアルバイト等自助努力による。

※筆者作成

9　高校就学と子どもの権利保障

１９８９年の厚生省通達「養護施設入所児童等の高等学校への進学の実施について」等も、２００５年の生活保護世帯への高校就学費支給の決定も、前述のようにこれらの経過とその理由が直近の関係者以外にはほとんど伝えられていないため、今日でも教育の現場で、家計を理由とした子どもの高校不進学の意思表明に対し、一定以上はかかわらないとする傾向が見られる。その結果、児童福祉施設に入所している子どもたちは措置の仕組みとして高校進学ができるが、生活保護や低所得の在宅の子どもや、施設から自宅に戻った子どもは、むしろ家庭で暮らすことによって進学できない状況が生じる。

生活保護の実施にあたる自治体や福祉事務所は、高校就学費を生業扶助として支給することとなった意義を把握し、子どものいるすべての被保護世帯とその子どもたちに情報をきちんと伝え、情報漏れによって生じる高校不進学者をなくすように努めなければならない。

何度も述べるように、これが結果として地域に貧困を蓄積、再生産させないことになるのであり、自治体が率先して取り組むべき最も効果的な自立支援策である。また、学校の教職員たちには、貧困であるがゆえに将来に希望そのものが持てない子どもたちが増えている現代であるからこそ、こうした制度・仕組みを子どもに伝え、子ども自身の希望を、そして学習する意欲を育ててほしい。

高校就学の条件の整備とその活用は、子どもの権利条約などに示された教育を受ける子どもの権利、そして社会的自立を基本とする児童福祉法やその他の社会福祉法の理念からしても、現代において、いっそう重要な施策として認識する必要がある。

【注】

＊1　2011年9月16日NHK放映、「NHKスペシャル『生活保護3兆円の衝撃』」。生活保護受給者が全国で200万人を超え、給付額は過去最多の年間3兆4千億円に上る、その背景に言及。『NHKスペシャル生活保護3兆円の衝撃』宝島社　2012年

＊2　国民の大多数が自身を「中流階級」だと考える意識を指す。多くの国民が「物に困らない」「食べることに困らない」ある程度の豊かさを感じることができるようになったことから、このような意識が広まった。

＊3　第4章1を参照。

＊4　第4章1を参照。

＊5　昭和30〜40年代、主に地方から都会へ集団就職をした中学卒業者を指した言葉。高度経済成長を支える担い手として、貴重な人材であった。この時代、地方から都会に出た中学卒業就職者を励ます、その思いを記録にしたものに、人生記録雑誌『葦』（葦出版社、編集者：山本茂美）がある。1949年創刊、1960年までの12年間、十代の文化交流の場となった。

＊6　不登校児が増える中で、全国各地に不登校の親の会がつくられ、学校に代わる不登校児の居場所づくりが進められた。学校管理が強まり、管理教育が進められる一方で、子どものいじめも増加し、子どもが学校に恐怖心を持ち不登校になる。そうした不登校児にとって、

学校は絶対に通わなければならないものなのか、「学校神話」が不登校児を苦しめていると議論された。

＊7　生活保護の実施は世帯単位に行われる。世帯員全員のすべての収入を収入認定し、不足の金額が生活保護費として支払われる。ただし、指導しても働かない者等は、世帯人員から分離できる。定時制高校就学については、この世帯分離が準用されたものであるが、本文にもあるように後年、世帯内就学が認められた。

＊8　２００２年、愛知県立児童自立支援施設愛知学園において、入所児童４人が、施設から逃走するために職員を絞殺した事件。

＊9　現在の児童養護施設。１９９７年の児童福祉法改正（翌年施行）により改称。

＊10　現在の児童自立支援施設。＊９と同じく改称。さらに１９４７年に児童福祉法が成立する以前は、感化法における「感化院」と呼ばれていた。

＊11　留岡幸助は、感化院「北海道家庭学校」を開設する際に、子ども10人までの、より家庭に近い小舎とし、指導員は夫婦で起居寝食を共にする、「夫婦小舎制」がよいと考えた。

＊12　施設内での虐待を子どもたちが児童相談所に直訴し、問題が明るみになった。現在の恩寵園はその後県の指導により施設長等新しい体制に変わっている。

第2章

貧困の連鎖と学習支援

各地の福祉事務所ケースワーカーら現場の声を受けて国は、社会保障審議会に設置された専門委員会の検討と意見具申により、２００５年４月から生活保護世帯の高校等の就学費を「生業扶助」として支給することとした。また、２００９年７月からは小・中・高生に学習支援費の支給も始め、さらに２０１０年から中学生勉強会等の学習支援を「生活保護自立支援事業」の対象とした。

１　生活保護世帯の学習支援が国の補助事業となって

第1章で触れたように、国は、２００5年4月から生活保護世帯の高校等の就学費を「生業扶助」として支給することを決定したが、その後、２００9年7月からは小・中・高生に学習支援費の支給も始め、さらに２０１0年から中学生勉強会等の学習支援を「生活保護自立支援事業」の対象とした。

江戸川の福祉事務所ケースワーカーの取り組みから30年、江戸川中3生勉強会の発足から25年を経て、貧困の連鎖を防止する根本的な方策として直接的な学習支援を行うことが、生活保護世帯の増加を防ぐための事業「生活保護自立支援プログラム」の策定課題の一つとして位置づけられた。これらの経過について、２０１0年10月11日付「朝日新聞」では、「生活保護世帯の子に進学支援拡大」と題して、以下の解説記事が掲載された（以下抄録）。

「貧困の連鎖」に関心が高まったきっかけは、堺市健康福祉局の道中隆理事（現・関西国際大教授）が07年に公表した調査結果だ。生活保護を受ける世帯主の25％は、自ら育った家庭も生活保護世帯だった。生活保護世帯の世帯主の学歴は中卒か高校中退が73％を占めた。

国も進学支援に腰をあげた。昨年、参考書代などに使える学習支援費を生活保護に上乗せ。加えて自治体が進学支援に取り組んだ場合の国の補助率を10割に引き上げた。

この時点ですでに国の補助の対象になっている千葉県八千代市等学習支援を行っている自治体の一覧が掲載され、２０１０年12月1日付「毎日新聞」にも同様の解説記事が掲載された。また、少しさかのぼって２０１０年7月20日付「東京新聞」では、「貧困再生産断ち切れ・江戸川、子の進学へ『中3生勉強会』」と題して、勉強会の様子や、釧路市や東京都大田区、杉並区でも見習われていることなどが紹介されている。

厚生労働省は、２０１１年6月に「生活支援戦略」（骨格）を公表しているが、その中で「生活困窮者の経済的困窮と社会的孤立からの脱却と親から子への『貧困の連鎖』の防止」を基本目標の一つに掲げ、「幼年期・学齢期における取組により『貧困の連鎖』を防止」するという基本的視点を持った具体的施策を各自治体に求めている。

なお、「『生活支援戦略』中間まとめ基礎資料」では、「学歴が貧困率に与える影響」として「平成22年国民生活基礎調査」の結果をもとに、「特に若年層においては『中卒（高校中退を含む）』の貧困リスクが非常に高い」「学歴プレミアムは貧困リスクの差という形で一生つきまとう」とし、中卒女子の30歳代での貧困率は約40％、中卒男子の場合は25％以上で、高卒（男女とも約15％）、大卒（男女とも約5％）に比して、著しく高いことを指摘している。この指摘は、前述の釧路市や八千代市における状況と、全く一致している。

そして別の調査結果によれば、両親が低収入であるほど子どもの学歴及び学力が低い傾向にあり（図2－1、図2－2参照）、まさに「【親世代】低学歴↓貧困↓【子ども世代】低学歴↓

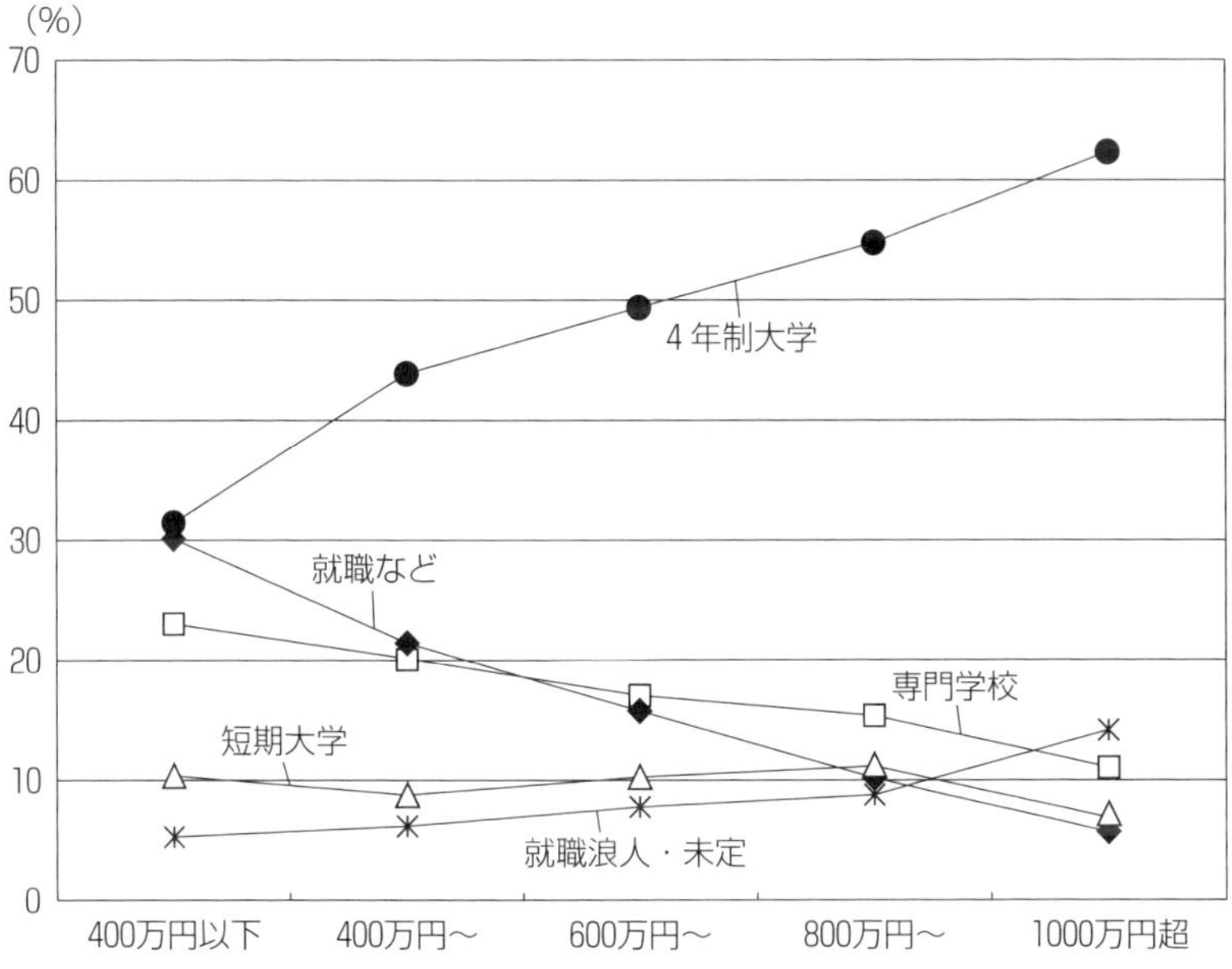

図2－1　高校卒業後の予定進路（両親年収別）

注1：全国各地から抽出された高校生4,000人を対象とした調査。無回答を除く。
　2：「就職など」には就職進学、アルバイト、海外の大学・学校、家事手伝い・主婦、その他を含む。
　3：「専門学校」には各種学校を含む。
出典：東京大学大学院教育研究科「高校生の進路追跡調査　第1次報告書」2007年　p.69を一部改変

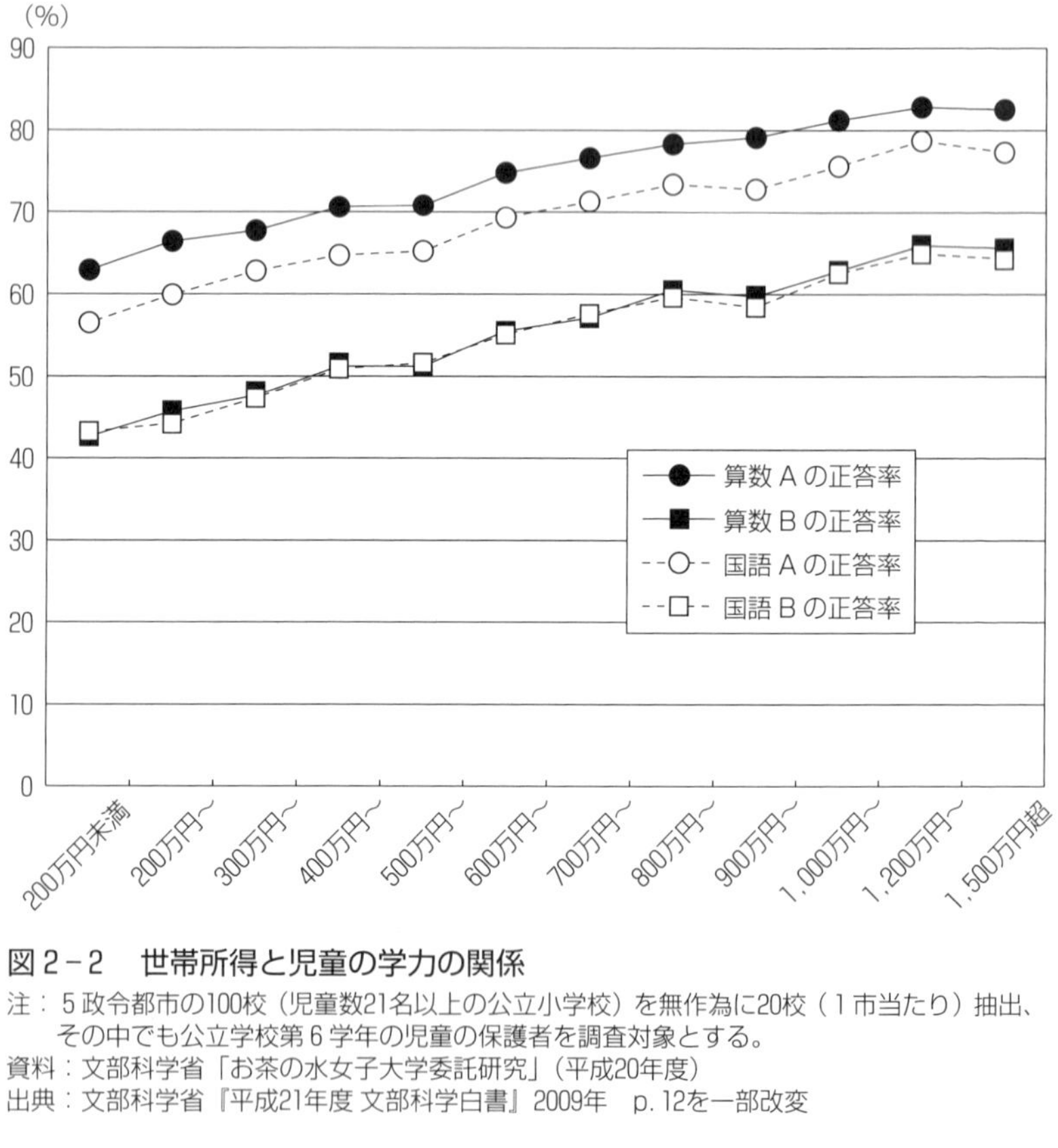

図 2－2　世帯所得と児童の学力の関係

注：５政令都市の100校（児童数21名以上の公立小学校）を無作為に20校（１市当たり）抽出、その中でも公立学校第６学年の児童の保護者を調査対象とする。

資料：文部科学省「お茶の水女子大学委託研究」（平成20年度）

出典：文部科学省『平成21年度 文部科学白書』2009年　p. 12を一部改変

貧困」といった「貧困の連鎖」がデータとしても示されている。

　私の現場レポートから20年が経過した。２０００年代後半になって、生活格差の拡大、そして貧困の連鎖の拡大は江戸川区・足立区等東京の下町から全国に広がり、ようやく国・厚生労働省段階が実態を把握し、「貧困の連鎖の防止には学習支援が必要である」ことに気づいたことになる。

　２０１２年度、国は、母子及び寡婦福祉法に基づき、「学習支援ボランティア事業」[*1]を新設した。この事業では、ひとり親家庭に大学生などのボランティアを派遣し、子ども等の学習支援や進学相談に応じることになった。

　現在、各地で、経済的に塾に行けない生活保護世帯・母子父子世帯等の中学生を対象とした中学生勉強会が組織され、学力不振に陥《おちい》りがちな家庭環境におかれている子どもたちと対面による学習支援が取り組まれはじめている。

　これらについて、２０１０年12月１日付「毎日新聞」は「生活保護世帯の子どものため自治体が無償で勉強会を開いています。」と題し、いくつかの都県の実際の勉強会の現場を取材し、次のように報告している。

◇学習支援の成果、多方面に
◇学ぶ楽しさを実感　相談、交流の場にも発展

家庭や塾で学習する機会が少なく高校進学率が低い生活保護世帯の子どもたちに、自治体が無償で勉強会を開く動きが広がっている。学力不足のまま大人になって経済的困窮から抜け出せない「貧困の連鎖」を、教育の力で断ち切ろうとの試みだ。それぞれの学力に合わせてマンツーマン指導で、子どもたちは学ぶ楽しさを感じ始めている。

平日の午後6時過ぎ。埼玉県ふじみ野市の福祉施設を訪ねると、中学3年生7人と教員OBらが頭を突き合わせて問題集を解いていた。「こんな簡単なこともできなくて情けない」。因数分解の問題が並んだページを繰りながら、女子生徒（15）がため息をつく。元高校教諭の白鳥勲さん（64）は「大丈夫。ここは分からないことを分からないって言える場所だから、どんどん聞いていいんだぞ」と励ました。

ほとんどの生徒が算数の九九や英語のｂｅ動詞など、基礎的な問題に取り組んでいる。教材の一部はスタッフの手作り。子どもたちは休憩時間も休もうとせず、あっという間に2時間が過ぎた。

埼玉県は10月から、生活保護世帯の中学3年生約650人を対象に、放課後や休日に勉強を教える事業「アスポート」を始めた。教員や公務員OBらで作る「彩の国子ども・若者支援ネットワーク」（さいたま市）に委託し、大学生ボランティアが教師役となって県内5カ所で週1

～3回、教室を開いている。交通費は保護費で支給しており、11月中旬現在、約140人が参加している。

同県の今春の全日制高校進学率は92・5％。ところが生活保護世帯に限ると67・8％に落ちる。生活に困窮している親は日々の生活に手いっぱいで、子の学力に気を配る余裕がない。十分な学力を身につけないまま社会に出た子が安定した職を得られず、生活保護を受ける悪循環もみられるという。

日系アルゼンチン人三世の男子生徒（14）は、大学2年のボランティア、佐藤宗矢さん（19）に九九から教わり、力をつけてきた。「学校の授業はどんどん進むから、恥ずかしくて質問できなかった。ここで教えてもらうようになり、勉強が面白くなった」とほほえむ。教員志望の佐藤さんは「僕も教え方を学ぶいい機会。高校に合格するまで支援したい」と熱意にあふれている。

年の近い学生ボランティアと子どもたちはファッションや趣味の話でも盛り上がり、勉強会はリラックスできる「居場所」にもなっているようだ。

埼玉県では2010年10月から県として取り組み、2010年に5カ所、2011年に10カ所で中学生勉強会が開設された。[*2] 2013年度からはさらに高校中退を防ぐために高校生も対象とすることとし、「生活保護世帯の子どもへの教育支援」として4億5000万円を予算化している。以下、記事に戻る。

相模原市もNPO法人「文化学習協同ネットワーク」（東京都三鷹市）に委託し、8月から南福祉事務所管内の希望者13人を対象に、週1回の勉強会をモデル事業として始めた。来年度は市内全域に広げる予定だ。

福祉事務所の机にかじりついて勉強に励む生徒たちの姿に、NPOスタッフで中学校教諭でもある篠崎修さん（62）は目を細める。「教え始めてから子どもたちの表情が変わり、一緒に勉強して楽しかったと言ってくれるようになった」。一方で「本来は学校がそういう楽しい場所であるべきだが、現職の教師は忙し過ぎてきめ細かく教えるのは無理だ」と漏らす。

なお、神奈川県横浜市では各区の福祉事務所と地元の児童養護施設やNPO法人が連携し、中学生の学習支援を続けている。そのうちの一つの区の事業について紹介する。

事例2-1　「若者はばたきサポート事業」について　―横浜市F区保護課―

横浜市では、生活保護受給者の経済的な自立や社会生活自立を実現するため、さまざまな自立支援プログラムを用意している。この一環として、生活保護を受給する世帯の自立を長期的な視点で支援することを目的として、区保護課では、中学生を対象とした学習支援事業を実施している。

生活保護を受給する中学生の高校進学を促進することにより、高校卒業後の安定した就労を実現し、生活保護受給世帯の自立を促進することを目的としている。具体的には、青少年支援事業の実績のある区内のNPO法人へ事業を委託し、NPO法人および区内にある大学の学習アシスタントが連携し、中学生への個別学習支援を定期的に行っている。

区内で生活保護を受給する世帯の中学2・3年生のうち、高校進学を希望し、はばたき教室への参加を希望する者が集い、4月から1年間（毎週火曜日と金曜日の午後6時から8時までの2時間）、NPO法人の学習コーディネーターと学生アシスタントが連携し、主要教科5科目の個別学習指導を行っている（表2－1参照）。

表2－1　生活保護受給世帯中学3年生の進学状況（横浜市F区）

	平成20年度	平成21年度	平成22年度	平成23年度
対象児童（人）	42	41	45	57
進学児童（人）	35	40	44	49
進学率（%）	83.3	97.6	97.8	86.0
教室参加者（人）	10	14	13	10
教室参加者内進学者（人）	10	14	13	10

続いて先述の新聞記事では、既に紹介した「江戸川中3生勉強会」についても触れられている。

こうした勉強会は、子どもたちの高校入学だけをゴールとしているわけではない。

東京都江戸川区の福祉事務所の職員が1987年にボランティアで始めた老舗の勉強会「江戸川中3生勉強会」スタッフの若井田崇さん（38）は「20年前は高校進学が一つの答えだったかもしれないが、今は違う」と説明する。

若井田さんは高校に入ってもささいなことで中退してしまう子をたくさん見てきた。いざ中退しても仕事はない。「勉強会を卒業した子たちが集い、大人が話を聴いてあげたり、仲間同士で勉強やおしゃべりをしながら、次のステップを目指せる場が必要だ」と痛感している。

東京都においては、江戸川区以外でも、杉並区・大田区などで自治体主導の中学生勉強会が試みられたが、まだ定着していない。新宿区では母子生活支援施設がその事業の一つとして中学生勉強会に取り組んでいる。また、江東区では地域の篤志家が会場を提供し、住民有志で勉強会を開いている。足立区等ではNPO法人などの事業として取り組まれている。

2013年には、札幌市や千葉市が各区で学習支援・勉強会を始めるなど、多くの政令指定都市において、行政区単位で中学生勉強会に取り組まれるようになってきている。

個人・NPO法人による無料塾

２０１１年７月６日付「朝日新聞」は、「無料塾で教えます―教員一家・弁護士…各地で」「『子ども７人に１人が貧困』に危機感」と題し、ひとり親家庭や家計が苦しい家庭の子どもたちに対して、寺子屋形式で勉強を教える「無料塾」が全国に広がっていること、そして、専門職のみならず教員や学生、会社員など、様々な立場の人々が各地で動き出していることを伝えた。また関西では、２０１２年９月、関西各地で学習支援に取り組んでいる個人、NPO法人が交流会を開き、学習支援者相互の情報交換を行った。会場は１５０名ほどの参加で、主催者の予想をはるかに上回ったという。

これらの活動は、自治体が関与しない場合、せっかく開始されても続かないことが多い。例えば、福祉事務所ケースワーカーの持つ情報で地域の塾に通えない中学生を集めることから勉強会は始められるからである。したがってそうした情報を収集することが長期的な日で見て、その自治体にとって「貧困の連鎖」を縮小できるということを関係者は認識してほしい。

２０１４年１月３日付「朝日新聞」では、「学力保障、釧路で条例化」との見出しで、次のように北海道釧路市で行われている、市ぐるみの取り組みを紹介している。

自治体ぐるみで学力保障を目指すのが、北海道釧路市だ。「基礎学力保障条例」を昨年施行、小中学生に読み書きや計算力を身につけさせようと学校や地域の役割を定めた。同市教委も学

力アップに取り組んでいるが、全国学力調査の結果は全国平均を下回る。

そんななか、地域が子どもを応援しようと動き出した。NPO法人「地域生活支援ネットワークサロン」は08年から、生活保護世帯の子らを中心とした学習支援の活動をしている。親が不在がちであるなど人と接する機会が少ない子の居場所づくりも兼ねてスタートした。市の委託事業で、公民館など2カ所に11～22歳まで20人弱が集う。

スタッフや大学生が勉強を教え、誕生日を祝い、キャンプもする。「勉強だけでは自立できない。ありのままを受け入れてもらう体験が必要だと思う」とスタッフの西東《さいとう》真宏さん（28）は言う。

2 学習支援の場に再び参加して

ここで、私自身もスタッフとして参加している、八千代市の活動を紹介する。

事例2-2 若者ゼミナールにて①

２００９年10月から千葉県八千代市において、ＮＰＯ法人こども福祉研究所が市と連携して「若者ゼミナール」の名称で、中学3年生を中心に生活保護世帯・母子父子世帯の子どもの学習支援の場を設けている。今春5回目の春を迎える。

２００９年秋、「市内のひとり親家庭などの中高生を対象とし、勉強の場を無料で提供」というチラシを市担当課の協力を得て配布し、子どもたちの募集を行った。また子どもの受け入れ・対応、学習支援の方針、注意事項等をまとめた「学習支援事業対応・受け入れマニュアル」を作成した。当初、「子ども支援者養成講座」を開催し地元参加者に学習支援スタッフになるよう依頼したが難しく、学生参加者がその後、支援スタッフとなった。その後は学生ボランティア希望者にガイダンスを行い、スタッフを依頼している。

実施場所は、初年度市が開設している子どもの居場所づくり会場で（毎週木曜日17～20時）行ったが、出席者が10名を越すようになって手狭になり、翌年度から市社会福祉協議会の福祉センター作業室に移した。子どもたちが持参する教科書、問題集等に加え、ゼミナールが購入した参考書などを使用し、それぞれの子どもたちの学力、興味なども考慮に入れつつ、個別指導やグループ学習を組み合わせて学習支援を行っている。

中学3年生2名（男子学生Aと、女子学生B子）の参加から始まり、初年度は中学3年生4名、中学2年生2名の計6名が参加した。その年は子どもたち自身の努力もあり、3年生全員が公立高校へ進学した。毎回の活動終了後、学習支援スタッフとミーティングを行い、それぞれの子どもの記録の整理も行う。ゼミナールの終了が20時であるため、毎回、子ども本人あるいは保護者からゼミナールに帰宅確認の連絡を行ってもらっている。

2010年度からは前述の国の「生活保護自立支援事業」の対象となり、市の事業として担当課で非常勤職員（家庭・就学支援相談員）を採用し、会場の管理、子どもたちの受け入れ、学習支援スタッフとの連絡調整を行っている。

学力不振の悩みを持ちながらもゼミナールに通ってできた小さな自信が、これらの子どもたちを長く支える出発点になる。なお、ゼミナールでは、夏に市保健センターの栄養士に指導を依頼して料理教室を開くなど、社会体験、社会性の広がりにも配慮している。

江戸川中3生勉強会の長期的な実践の場合においても、勉強会に参加した子どもたちは高校中退しない。高校でつまずくことがあった時、いつでもこの勉強会に立ち寄ることができ、勉強会で一緒に学んだ家庭環境が共通している仲間がいるからである。八千代の若者ゼミナールも、いつでも高校生が立ち寄ることができて、一緒に勉強していくこともできる。こんな「中学生勉強会」が各地にできれば、家庭環境に沢山の課題を抱え、つまずきやすいこれらの子どもたちの未来を大きく変えることができる。

3　学習支援で子どもたちはどう変わるか

様々な事情で教育力のない家庭環境に育った子どもたちは、経済的に高校に進学できるのか不安のままに育ち、それをきっかけに学力不振の悩みを抱えてしまう。自治体の生活保護や母子福祉の担当職員が親子に説明して、ようやく自分も高校に進学できることがわかる。しかし、その時からせっかく勉強を始めても、1人では勉強がわからない場合が多い。

これらの子どもたちが共通して、週たった1回のゼミナールに僅か3カ月通うだけで、中学校でのテストの結果が目に見えて変わってくる。「勉強すること、学ぶこと」が面白くなり、その後は1日も休まず通い続けるようになる。

事例2-3　若者ゼミナールにて②

「自分は高校に行けないと思っていた、数学や英語の問題を家で解いたことがない、学校のテストはいずれも20点以内」、こう話した初年度のゼミナール生Aは、ゼミナールに通って数回で「勉強することは楽しいことだ」と会得した。高校3年生になった彼は「数学・英語が得意科目になった。大学に進学したい」と母親を驚かせた。しかし、大学進学は経済的に困難なことがわかる。そして地元の企業の面接を受けたが断られた（企業からは、高校生の間に自動車免許を取るように求められたが返答できなかった）。そして、ようやく就職が決まったのは3月になってからであった。

もう1人の初年度ゼミナール生B子は、ゼミナールにおける高校推薦入試の模擬面接の際、「高校卒業後の進路」の問に答えられなかった。家庭環境から「進学して（保育士）になります」と断言できなかったのである。試験に関していえば、これら生活困難な家庭の子どもたちは筆記試験のみならず、面接についても不利な状況を抱えている。彼女は高校に入学してから3年間、毎週欠かさずゼミナールに通い続け、学生ボランティアのスタッフとともに中学生に数学を教え、生徒会委員になった高校の楽しさを中学生に伝えていた。自身の成績も科目を問わず上位になった。しかし、高校生の就職難の中、進路の内定は卒業間近の2月末になった。

生活困難な家庭の子どもたちにとって、高卒での公務員等の雇用が減少してしまった現代において、民間企業を探すにも「伝《つて》」「コネ」のない就職は、些細な面接の質問においても不利になることを思い知らされた。「貧困の連鎖」はこうしたことも改善されなければならない。

個別指導を行う中でこれらの変化を見続けているのが、勉強会にボランティアとして通っている学生スタッフたちである。彼らは、子どもたちの学習支援を通して、社会人として教員あるいは福祉の現場で働く時に役立つような多くの学びができる。こうした学生たちの学びと変化に、学習支援の場づくりのもう一つの意義がある。

発足当初から4年間、学生ボランティアを続けてきた若者ゼミナールの3名の学生は、いずれも新設の教育系大学に通っていた。教員への道は狭き門であったが、教員採用試験に3名とも合格した。ゼミナールで出会ったすべての子が「何から教えればよいか」戸惑う低学力の状態であった中で、3名の学生スタッフは、この困難な子どもたちの個別指導の中で生きた教育方法を学ぶことができたからである。このことから、全国各地域で生活保護世帯に限らず、塾に通えない子どもの学習支援の場づくりに学生が参加できれば、「貧困の連鎖」の防止だけでなく、将来教育や福祉の施策を進める人材を育てることも期待できる。

若者ゼミナールのコーディネーター役の「家庭・就学支援相談員」（市の非常勤）は臨床心理士でもあり、福祉事務所ケースワーカーと日々連携し中学生の悩みを聞き、中学生と保護者にゼミナール参加を勧めている。その結果、毎年、市内の生活保護世帯の中学三年生の約半数がゼミナールに参加している。その他、児童扶養手当の窓口で相談のあった母子・父子家庭の中学生も参加している。また、いじめなどによる不登校の子どもたちもここには休まず通ってくる。各家庭とも生活面でも子どもの教育面でも多くの問題を抱えた家庭ばかりである。

教育現場において、多くの問題を抱えているのは、生活保護・生活困難な家庭の子どもであることが多い。また、教育・心理関係者の事例研究の多くが、家庭問題についてであり、それらの問題が集中して表れるのが、中学三年生の進路指導の時期である。江戸川区の勉強会の27年は、全国のスクールカウンセラー、スクールソーシャルワーカーが、個々の「相談」に応じるだけでなく、身を挺してこれらの学習支援を行えば、虐待問題や不登校、非行の問題を抱えた子どもの支援まで大半の問題が大きく改善できることを証明している。心理や社会福祉における支援方法からいえば、個別のカウンセリング、ケースワーク援助にグループワークによる支援を取り入れることで解決できることが多いということを学んで支援に取り入れてほしい。

どんなに学力が遅れている子であっても、いや遅れている子どもであるほど、すぐに社会に出るより、高校3年間学んで、遅れを取り戻し成長していくことが、その子どもにとって「最善の利益」となる。無職少年から無職中年への貧困の連鎖は、1人でも多く防がなければならない。高校へ進学し3年間の就学を通して、中学校までに十分身につけることのできなかった広い意味の学力と、人と人とのかかわり方、社会のしくみ、人間としての生き方など人格形成に必要な生活力を身につけることが重要である。それは、今までに述べてきた通り、国全体にとっても「最善の利益」となるのである。

事例2-4　若者ゼミナールにて③

2013年2月末のこと、私が遅れて会場に着くと、いつもは中学生と地元大学の学生・学習ボランティアがテーブルごとに問題集で勉強しているはずなのに、その日はテーブルごとに和気藹々《あいあい》。誰も勉強していないのに驚いた。10名の中学生のうち、偏差値の高い高校を目指す1名を除いて、みんな前期試験で高校入学が決まったからであった。前週に試験の答え合わせを行った際、500点満点中100点以上を取った者はほとんどおらず、半分以上は後期試験になると予測していた私たちにとって嬉しい結果であった。９名のうち、中学不登校日の多かった1名は通信制高校、発達障害の１名は特別支援学校高等部へ進学することを本人自身が決めた。

３月後半のゼミナールの日、２０１２年度を締めくくる若者ゼミナールの「春を祝う集い」がいつもの場所、いつもの参加者で開かれた。司会は、前述の特別支援学校高等部へ進学が決まったC子が名乗りをあげた。とても上手な司会で、ビンゴゲーム、２組に分かれての伝達ジェスチャーを楽しんだ後、３つのお祝いで会場は盛り上がった。

１番目に、今春高校入学を決めた10名の中学生へゼミナールの学生スタッフから一人ひとりに手作りの「修了証書」が手渡されたのち、それぞれが高校入学後の抱負を述べた。

２番目に、４年前の秋、ゼミナールに最初に参加し、高校卒業間近になってようやく就職が決まった2人の高校3年生AとB子にも「修了証書」が手渡された。２人のうち１人は高校生になっても毎週通い、１人は部活のない日に勉強会に顔を出し続けた。

3番目に、この勉強会に4年前から参加し、今春教員としてスタートする3名の学生スタッフ及び、途中から参加し今春社会人になる学生スタッフに中高生から手作りの「感謝状」が手渡された。

この春、中学、高校を卒業する子どもたちも、大学を卒業する学生スタッフも、自信を持って新しいスタート地点に立った。

4　学習支援で心がけること

私は、1980年代後半「江戸川中3生勉強会」の立ち上げに参加するとともに、2009年から再び千葉県八千代市の中学生勉強会「若者ゼミナール」にスタッフとして参加しているが、貧困の連鎖の防止という長期的な視点で、ぜひ各地で経済的に塾に通えない子どもたちのために、このような勉強会に取り組んでほしいと願っている。そこで、これから取り組まれる方に学習支援で心がけてほしいことを次の通り提案する。

①　テキストはまずその子の持っている教科書・問題集を使用する

わからなくなった箇所がわかれば中1、高1からさかのぼって使用する。中学生に小学生の、高校生に中学生の教科書・問題集は使用しない。学力不振の子どもにも強いプライドがある。その思いを壊してはいけない。

②　マンツーマンに近い状態で学習を支援する

学力不振の子どもたちは、どこからつまずいたか一人ひとり異なる。一人ひとりと向かい合うしかない。友人と一緒の場合は二人を対象にしてもよい（教え合えることがあるので）。遠い昔、寺子屋でもその子の進度に合わせて教えていた。人手が足りなくなったらスタッフ・ボランティアを増やす。

③　朗読・発声させて問題を解くなど子ども自身の学びを工夫する

学力不振の子どもは共通して、英語も、国語も、教室以外では声を出して読んだことがない場合が多い。何度か声を出して読んでいくと、自分で読めるようになる。まずその子の得意分野を知って、得意な問題からともに考える。その日の中で1つ、「やった！」と実感できるものを覚えて帰る。

④　地域や商店街のこと、学校のこと、自分の健康のこと、様々な情報を共有する

進路についてその子が知っている範囲のことにプラス1点、志望する高校の特徴や通学経路など情報を増やす。町の変化など地域の情報を交換してコミュニケーションをとる。勉強会に通うメンバーが固定したところで交流会、料理教室やクリスマス会等を開く。

⑤　勉強会のスタッフは決していばらない。子どもたちと対等な立場で接する

スタッフはたとえ元教員等でも「先生」の意識で教えない。「先生」の呼び方は勉強会では一切使わないこと。学力不振、不登校の子どもたちは「先生」の言葉に恐怖心を抱いていることが多い。最近の勉強会の開設において失敗した自治体もいくつかある。ある自治体ではスタッフとして退職校長等に依頼し勉強会を始めたが、数回後に中学生が誰も来なくなってしまった。この勉強会は、偏差値の高い高校へ進学させるためのものではない。自分は勉強できないという悩みを少しでも解決できればよいのである（「先生」意識がなければ高齢の私でも中学生に受け入れてもらえている）。

⑥　個々のスタッフ（ボランティア等）と子どものメールの交換は禁止のこと

個々のスタッフは、子ども自身から話がない限り、家庭事情を聞いてはいけない。階層格差を感じさせること（学生がマイカーで勉強会会場に来るなど）がないように努める。通ってくる子どもの写真は撮ってはならない。新聞等の取材でも子どもが判明できる写真は断ること。

⑦　「学習支援」を営利目的にせず、ボランティアに徹する

勉強会は、家庭環境による勉強の遅れをとりもどし、将来の社会生活に必要な知識と生きる力を獲得していくためのものであり、学習塾とは異なる。したがって、経費を集めてはならない。問題集、参考書等の経費は市民・自治体の職員からの寄付の範囲とすること。

江戸川区の「中3生勉強会」においても、八千代市の「若者ゼミナール」においても、子どもたちが集まる中で、当初の行政の心配は非行のたまり場にならないかなど深刻であったが、参加してきた子どもの問題行動はそれぞれ一度もない。それは、これらの子どもたち一人ひとりにとって勉強会は一番安心できる貴重な地域での居場所となっていることにある。

もちろん、勉強会のスタッフが十分に気をつけており、各家庭に無事に帰ったかを確かめることも欠かせない。それとともに、勉強会に来る中学生が「自分は勉強ができない、このまま社会に出たらどうしよう」と強い不安を持っていて、このままでは社会に出られないことを彼ら自身がよく知っているからである。それゆえに彼らは勉強会の場所を大切にしている。

これらの勉強会は、国の補助事業の対象として、生活保護世帯、母子父子世帯等に限られている。そのため、「生活保護世帯の児童の勉強会」と報道されることで、当事者の中学生からすれば思いは複雑なものであろうが、対象者を絞ることは、営利目的の場と異なる子どもの居場所づくりとして、やむを得ない。さらに、これらのことを自治体等の「公」が行うことで、親にとっても、子ども自身にとっても、安心して通える場になっていることに特徴がある。

若者ゼミナールは当初、市が「子ども支援者養成講座」を開いて、一般市民から学習ボランティアを募った。そのうちの１名の熱心な参加者が、数回の参加で子どもの名前を覚えた頃、勉強会に来ている子どもについて、自分の職場で話してしまった。「ボランティアとしていいことをしている、そのことを話したい」という思いもあったと思われる。しかし何よりも、プライバシーの保護が求められる子どもたちである。これらの学習支援を試みられる方は秘密保持は鉄則であることを承知しておいてほしい。若者ゼミナールはその後、地元の大学の学生が学生スタッフとして中学生と対峙している。

事例2-5　若者ゼミナールにて④

２０１３年12月の冬休みのある日のこと。その日は学生スタッフが企画した「数学の日」として、朝９時から夕方４時まで、中学生と学生スタッフが一対一のペアとなり行う50分

（－５）－（－２）＝？　解けるかな？

授業が、ペアを替えつつ６回続けられた。「数学の日」といっても、何も難しい問題を解くのではない。「（－５）－（－２）」が解けないでつまずいている中学生が多いことに気づいた学生スタッフたちが、入試の最初に出てくる計算問題10問が解けるように練習問題をつくり、一緒に問題に取り組んだ1日であった。

5　異文化の中で育つ子どもたちの参加

これらの勉強会には、最近新たな課題を抱えた中学生が増えている。グローバル化と言われる日本企業のアジア諸国進出による国際結婚や中南アメリカからの日系人二世・三世の帰国、中国残留孤児の二世・三世の帰国など、子どもの世界もグローバル化が進行してきている。

例えば、日本に来る前後に子どもが生まれ、その後に日本人の父親と別れて母子世帯になった場合、日本に帰化して年数がたっていないため、親の多くは日本語の習得も十分でなく、生活習慣もわからない。子どもの勉強への助言も到底できず、進路についての相談相手になれないなどの悩みを抱えている。

勉強会はそうした異文化を共有する家庭の子どもたちが通う場ともなってきた。若者ゼミナールには、市内の異文化の中で育つ子どもの多くが参加してきている。ちなみに、市の生活保護受給母子世帯は約１００世帯であるが、生活保護受給母子世帯の約１／４が異文化で育った母親たちである。母親のふるさとは、タイ、ベトナム、中国、フィリピン、ペルー、メキシコなど多様である。異文化で育った母親の生活保護受給母子世帯の比率が高いのは、前述のような母親にとって、「就労」はより困難であること、それとともに元の夫以外に日本で友人も知人もなく、孤立してしまうからである。

同様の理由で、異文化の中で育つ子どもたちの多くが、ちょっとした疑問を持っても、その場では聞く相手がいない。学習支援のスタッフは、このようなケースも受け入れて、個別指導に取り組むことが新しい課題として求められる。各地の中学生勉強会は、これらの子どもたちが「貧困の連鎖」に陥ることがないように積極的にウィングを広げていく必要がある。

【注】

＊1　この事業は、受諾したNPO法人等がコーディネートを行い、地域の施設または自宅にボランティアを派遣する仕組みで、子ども等の学習を支援する経費として一事業あたり年額458万円を補助するものとなった。

＊2　2011年10月2日、日本テレビ放映、「NNNドキュメント『奇跡のきょうしつ―子どもの貧困をなくす』」で紹介された。

第3章

崩れゆく家庭・地域と子どもたち

―貧困の中で子どもたちはなぜ無職少年になるのか―

両親が別れて、一方は子どもと公営住宅に住み、片方は木賃アパートに住む。そうした貧困と家庭崩壊を見ながら、子どもたちが育っていく。子どもたちは、自分の将来に希望をなくしてしまっている。

1　はじめに　―下町のケースワーカーとなって驚いたこと―

私は1980年代、東京の東の端に位置する江戸川区東部地域の生活保護世帯援護を担当した。私にとって2度目の福祉事務所ケースワーカーであった。この地域は、東京オリンピックの時に建てられたマンモス公営住宅を中心に、人口8万人、中学校は5校に及ぶ地域であった。担当して驚いたことは、この地域の貧困、疾病、家庭崩壊の深刻さであった。多くの世帯で、貧困、疾病を原因とする家庭崩壊が進んでいく中で、公営住宅に母子が残り、周辺の木賃アパートに父親が住む。また、その逆で母子が木賃アパートに住む。そうした貧困と家庭崩壊を見ながら、子どもたちが育っていく。子どもたちは、自分の将来に希望をなくしてしまっている。

母子世帯は、母親のパート就労だけでは到底生活できず、困窮して生活保護を受給することが多いが、別れた父親もその多くは社会保険に加入しておらず、しばしば身体を壊し入院、手持ちの貯えはなく単身生活保護を受給して治療にあたる場合が少なくない。高度経済成長期に日給・日雇で仕事を続けて、アルコールなどで身体を痛めた結果である。学歴も低く、長く不安定な生活を続けているために家庭の争いが絶えない。離別したところは父親も母親も精神的にも経済的にも困窮していて、親は自分の子どもの問題どころではない。

世帯の生活の問題と親自身の生き方、心の問題が重なって深刻化する。そうした時期が子どもの小学校期とぶつかることが多く、子どもたちは家庭の中でも親の状況から自分の展望を失い、学校においても忘れものなど小さなことからつまずきやすくなる。

貧困家庭に対する自治体・福祉事務所の援助が不足している地域・自治体では、中卒後進学も就職も「しない、できない」子どもたちが増えてきていた。この子どもたちを福祉事務所の現場、警察関係者は虞犯予備軍として「無職少年」と呼んでいる。１９８０年代、私の担当したこの地域には、大量のこれら無職少年が存在していたのである。

２　高校進学も就職もできない子どもたち

１９８０年11月、和歌山県御坊市において「暴力団員が生活保護を不正に受給していた」いわゆる生活保護不正受給事件がマスコミで報道された。この事件を契機に、生活保護の実施についての国民の厳しい目を背景に、国（厚生省（当時））は「生活保護の適正実施について」通達を出し、以後、福祉の縮小を図っていくのであるが、この事件について東京市部の福祉事務所査察指導員会（係長会）は現場調査をすぐに行った。その結果、わかったことは、御坊市では生活保護世帯の子どもたちが、大量に、中学卒業後学力不足等から高校に進学もできず就職もできずにブラブラした状態を続けていて、中学卒業後２、３年で暴力団に加入し、定職がなく在宅しているのでそのまま生活保護を世帯の一員として受給していた、という事実であった。このことは、当時同じように暴力団不正受給が摘発された北九州市等においても同様だった。

この事件でわかったことは、貧困が再生産されている、貧困ゆえの「無職少年」が全国的に存在し、暴力団の予備軍だけでなく、生活保護の予備軍となっているという事実であった。

この御坊市調査と前後して、自覚的な福祉事務所のケースワーカーたちは、各地で「なぜ生活保護世帯の児童の高校進学率が低いのか」中学3年児童の進路調査に取り組んだが、これらの調査結果は、異なった地域であっても次の点で共通していたのである。

① 高校進学率が全国平均で94％（1983年春）に達しているにもかかわらず、生活保護世帯の高校進学率は、いずれの調査でも75％前後であること。

② 中卒就職者は20％前後であること。

③ 残りの児童は、中卒後、学力不振のため高校進学も就職もできずにいること。

これらの点は、生活保護世帯に近い低所得世帯においても同様であった。

1980年代、「国民の総中流化、9割中流意識」が謳われ、豊かさ・ゆとりが強調される中で、生活保護・低所得世帯では、親が生活苦、疾病に追われ、家庭崩壊にぶつかる中で、子どもの教育に目が届かず、子どもは早い時期からつまずき、学力不振、低学力になってしまう。親が経済的に子どもの高校3年間の就学に責任が持てないことから「高校へ行け」と言えないで、子どもも親の様子を見て早くから進学をあきらめている家庭が、当時、地域によっては全体の1割も存在していた。そして、それらに何の疑問も持たない教育行政、福祉行政が存在していた。このことが２０００年代後半になってやっと明らかになった「貧困の連鎖」をつくっていたのである。

１９８６年の家庭の所得と高校進学の関係を端的に表したものが図３－１である。東京23区において、公立中学校の高校進学率の区別順位は、区民一人当たり所得の区別順位とほぼ等しく、高校進学率は東京東部各区において低く、最低区は、当時の都道府県別高校進学率の最低県（愛知県）にほぼ近いことから、東京23区に表われた傾向は全国の傾向の縮図であった。

ところが、当時から、そして今日でも「勉強が嫌いな子は高校に進学しなくてもよい」という意見がある。私は１９８０年代に私の取り組みの報告を聞いたある大学の学長から「中卒者は金の卵ではないのか」と質問を受けたが、２０１０年代になっても異なる大学の学長から同じ質問を受けて驚いた。

高校へ行かなかった中学卒業高校不進学者を抱える家庭（そのほぼ全数が貧困世帯である）では、その日から思いもよらない家庭の悲劇に振り回されているのである。

①　中学卒業後、余儀なくブラブラとするしかない子どもたちは、貧困・低所得の家庭から、高校就学の場合の経費に劣らないどころか、その何倍ものブラブラするための経費を苦しい家計から持ち出すようになる。家から持ち出せない場合はどうするか。非行グループをつくり、「かつあげ」等の非行を繰り返す。２００９年9月の豊島園夜間窃盗事件、２０１３年2月の吉祥寺殺人事件など少年事件の多くがこうした原因による。

生活保護率	高校進学率	一人当所得	
4.3	99.1	100.0	千代田
6.7	96.7	90.1	港
4.9	96.3	75.6	渋　谷
7.3	96.9	69.2	文　京
8.9	95.8	68.7	目　黒
5.1	96.0	68.0	中　央
6.4	95.9	66.8	世田谷
4.6	95.7	64.3	杉　並
10.3	95.6	62.4	新　宿
11.5	93.9	58.3	大　田
19.9	96.0	57.3	台　東
7.3	94.3	57.2	品　川
9.3	94.3	56.4	中　野
13.5	92.8	54.8	練　馬
9.4	94.6	54.1	豊　島
17.4	92.1	49.5	板　橋
15.8	93.8	47.4	墨　田
12.2	92.5	46.6	江　東
15.2	92.6	46.4	北
12.8	93.1	45.4	荒　川
12.8	90.6	45.0	江戸川
13.0	92.1	44.8	葛　飾
20.5	90.8	41.3	足　立
10.8	93.3	55.2	東京平均

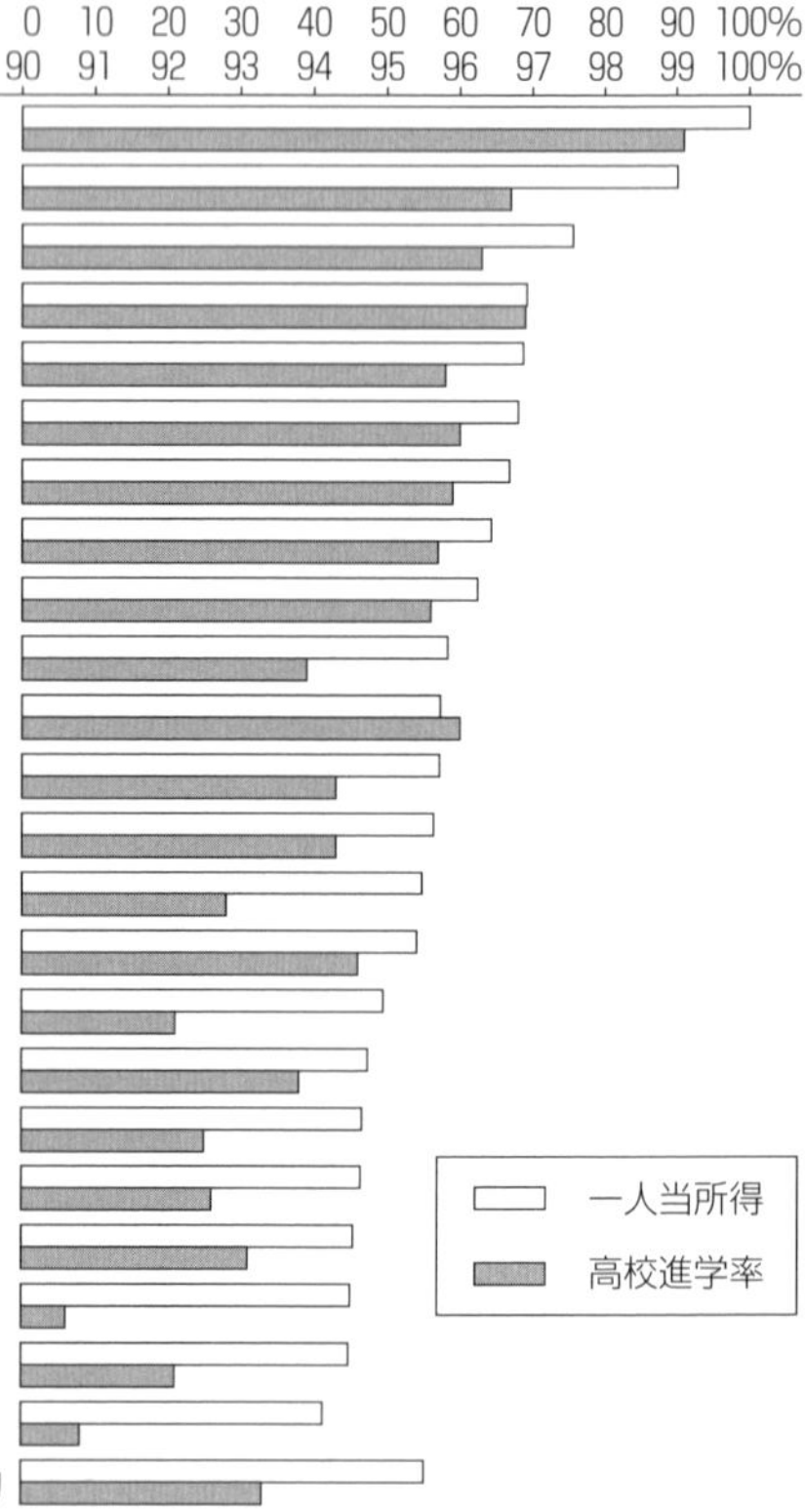

図 3－1　東京23区の一人当たり所得と高校進学率

注 1：一人当所得は1985年分の集計であり、千代田区を100%とする。
　2：高校進学率は1986年 3 月の卒業分の集計である（単位：%）。
　3：生活保護率は1986年10月時点の集計である（単位：‰）。

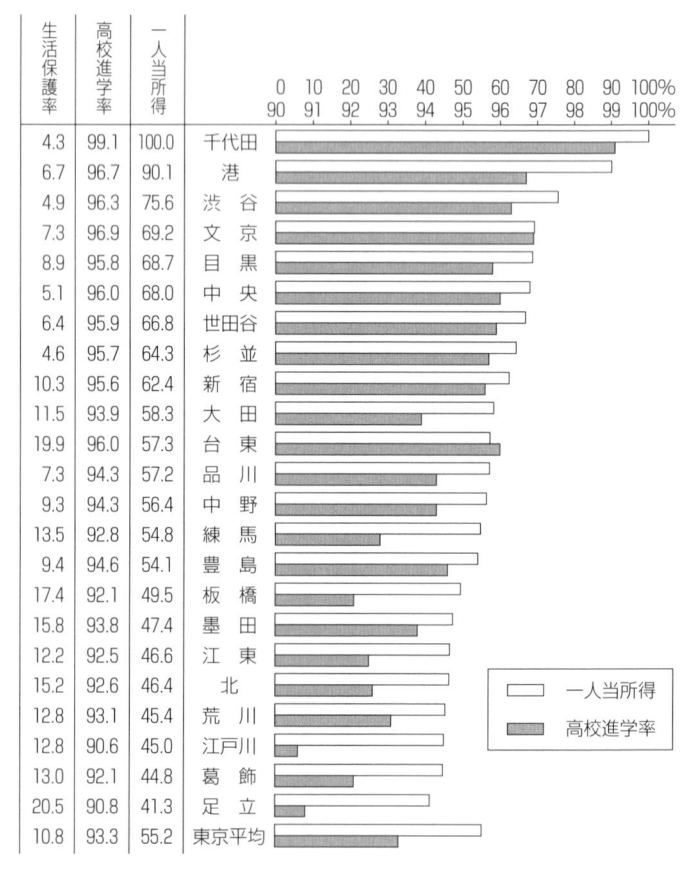

表3－1　最近の都道府県別進学率と就職率（2011年：参考資料）

都道府県	卒業者数[注1]	進学率(%)[注2]	就職率(%)	都道府県	卒業者数	進学率(%)	就職率(%)
全　国	1,185,054	98.7	0.4	三　重	18,120	98.6	0.5
北海道	47,965	99.2	0.2	滋　賀	14,281	98.9	0.2
青　森	13,314	98.5	0.2	京　都	23,751	99.1	0.2
岩　手	12,377	99.4	0.2	大　阪	83,617	98.8	0.4
宮　城	21,605	99.1	0.1	兵　庫	53,852	98.7	0.4
秋　田	9,583	99.4	0.1	奈　良	13,903	99.2	0.2
山　形	10,977	99.6	0.1	和歌山	9,930	99.0	0.3
福　島	19,427	98.9	0.3	鳥　取	5,467	98.8	0.3
茨　城	28,749	98.7	0.4	島　根	6,594	99.0	0.2
栃　木	18,903	98.5	0.3	岡　山	18,921	98.2	0.3
群　馬	19,425	98.6	0.3	広　島	27,204	98.6	0.5
埼　玉	65,936	98.8	0.3	山　口	13,030	98.1	0.7
千　葉	54,860	98.9	0.3	徳　島	7,021	99.3	0.2
東　京	103,446	98.9	0.3	香　川	9,440	97.7	1.0
神奈川	78,468	98.8	0.3	愛　媛	13,173	98.2	0.5
新　潟	21,703	99.4	0.2	高　知	6,781	98.9	0.3
富　山	10,098	98.9	0.3	福　岡	48,005	98.1	0.5
石　川	11,055	99.3	0.2	佐　賀	9,173	98.3	0.3
福　井	7,983	98.9	0.3	長　崎	14,241	99.2	0.2
山　梨	8,748	98.5	0.5	熊　本	17,773	99.2	0.2
長　野	21,154	99.0	0.2	大　分	11,174	98.9	0.3
岐　阜	20,560	98.6	0.4	宮　崎	11,572	98.5	0.5
静　岡	35,404	98.4	0.5	鹿児島	16,724	98.8	0.4
愛　知	72,932	98.1	0.6	沖　縄	16,635	96.4	0.6

注1：「学校基本調査」のうち「卒業後の状況調査」（5月1日現在）による。平成25年3月卒業者。

注2：高等学校・中等教育学校後期課程・特別支援学校高等部の本科・別科及び高等専門学校への進学率。

資料：文部科学省「平成25年度 学校基本調査」

② 中学卒業で一旦就職した者の多くが、就職してたった数日から3カ月の間にほぼ全員仕事を辞めている。中学校と職安で苦労して開拓した就職先は泡のように消えてしまう。次の仕事を見つけるまでの期間は、やはり家庭からの経費の持ち出しになる。次の仕事が見つからないことは『苦役列車』等の西村賢太さんの作品（第1章参照）に詳しく書かれている。そうした繰り返しが、高校在学に見合う3年間は続く。貧困家庭が子どもの収入を当てにして中学卒業後働かせても、家計を助けられる場合など全くない。実際には、貧困家庭にとって、子どもの高校就学こそが家計負担は少なくすむのである。

③ 中学卒業未就職者については、生活保護世帯の場合、一定の指導・指示を行った後「なまけ者」として保護人員に含めない措置をとる（生活保護では「世帯分離」という）。だが実際は子どももその世帯で生活するので、その家庭の生活は最低生活を割って著しく困難になる。下に弟妹がいた場合、その子どもたちの健康と教育に大きく影響する。

したがって、これらの「無職少年」は、貧困な家庭が生活を維持するためには家庭から外へ追いだされてしまう。その結果、そうした子どもたちの地域での集団化が進み、「××中学OB非行グループ」が形成される。それはさらに、御坊市や北九州市の例にみられるように暴力団の予備軍となっていく場合が少なくない。

1987年8月、警察庁は国の関係諸機関に「無職少年対策」を要請しているが、全国各地の非行問題の温床は、一部で言われるような、「豊かな家庭」にあるのでなく、共通してこれら生活困難世帯や家庭崩壊した家庭の中で、めぐまれた教育環境と縁遠い不幸なこれら「無職少年」が形成されていくことにある。各地で起こる凶悪事件に共通したルーツなのである。生活困難家庭の子どもはそれらの事件の中で、実行犯役をやらされることが多い。

3　貧困地域の中で

私の担当した地域は、はじめの頃は毎晩のようにある暴走族グループが、町中を深夜にかけてオートバイで暴れまくる地域であった。このグループはＡ中学ＯＢ非行グループを中心に、Ａ中学の在校生もかなり巻き込んで構成されていた。

このグループは、生活保護世帯と生活保護寸前の〝高校へ行けなかった・行けない〟子どもたちが中心になって構成されていたが、一般の中・高校生にもかなりの影響を与え、地域全体の荒廃状態をつくっていた。地域の町会・自治会や住民も、この暴走族グループの地域支配にはどうすることもできないでいた。

私が直接担当した生活保護世帯の子どもたちの多くも、中学生の早い時期からこれら非行グループの先輩たちの影響を受けていて、シンナー、喫煙に始まり、不純異性交遊、怠学、登校拒否、虞犯と突き進んでいた。町の中にはいたる所にグループのスプレー落書きがあり、シンナーを吸った缶やビニール袋が住宅の隅に散乱している状態であった。

A中学校では、校門に毎朝教師が立って、髪や服装の乱れた生徒の通学を拒むことで、一般生徒への影響をくい止めるのに精一杯であった。B中学校もOB非行グループや校内の非行グループで荒廃し、集団妊娠事件を起こすなどで、学校では〝第二職員室〟が用意され、授業についていけないその子らを集めていた。C中学校もほぼ同様であった。

ある夜、B中学・C中学の男子非行グループが中間にある川の土手に集結し、鉄パイプ等で武装して対決する場面があったが、その生徒数は両校あわせて50名を超えた（幸い教師と警察で周囲をかためて、事故はなかった）。

A中学、B中学、C中学とも毎年260名ほどの中学3年生のうち、50名を超える中卒就職者（高校進学しない者）がいたが、その数は3校合わせると150名、地域全体で200名を超え、高校年齢にみあう3年間を合わせると地域全体で600名に及んでいた。

これらの子どもたちの大半が地域でブラブラするのであるから、地域全体への影響は大きく、何よりも中学生に弟妹を通して否定的な影響を及ぼしていくのである。こうした状態がこの地域でかなり長く続いたことから、ブラブラ経験者はすでに30代後半に達した者もいる。無職少年が、無職ときどき仕事の「無職中年」に広がりはじめている。高校進学率が中学校単位で80％を割る状態で、それを不自然と思わない地域社会が形成されていた。

この地域の婚姻届・離婚届の対比（出張所別統計）は3対1で区全体の平均4対1、全国平均5対1に比して家庭崩壊の多さがわかる。

子どもたちは、中学1年の夏頃から共通してシンナーを始め、いっきに非行に突き進む。長欠・不登校になる者も多いが、1日に3時間以上は授業に集中できないと言って教師を困らせる子どもたちも多い。こうした中学校に限って、ベテラン教師がおらず、新任の教師が教師生活をスタートさせる場になっていて、そのことが生徒指導に反映し学校の荒廃を進めてしまう。さらに東京都の場合、1978年から実施された同一区内10年以上の教師は他区へ異動という「教師の異動基準」によって、この地域の中学校からベテラン教師が他区へ異動したことも、これらの子どもたちには不運であった。

この地域での生活保護世帯の高校進学率は50％（1981年春）で、同じ福祉事務所の中の他の地域の進学率よりはるかに低い状態であった。ちなみにマンモス公営住宅を抱えたA中学の場合、生活保護世帯は近年ほぼ中学生の1割であった。

4　学力不振、不登校、非行の中学生とともに

私は1980年代、この地域での生活保護世帯への援助の中で、とくに毎年繰り返されるこの子どもたちの問題に取り組み、この地域の多くの貧困・低所得世帯の子どもたちと接してきたが、その中での子どもたちの流れを図にすると図3-2の通りである。

ここでは、その中から年代順に幾人かの子どものことを紹介したい。

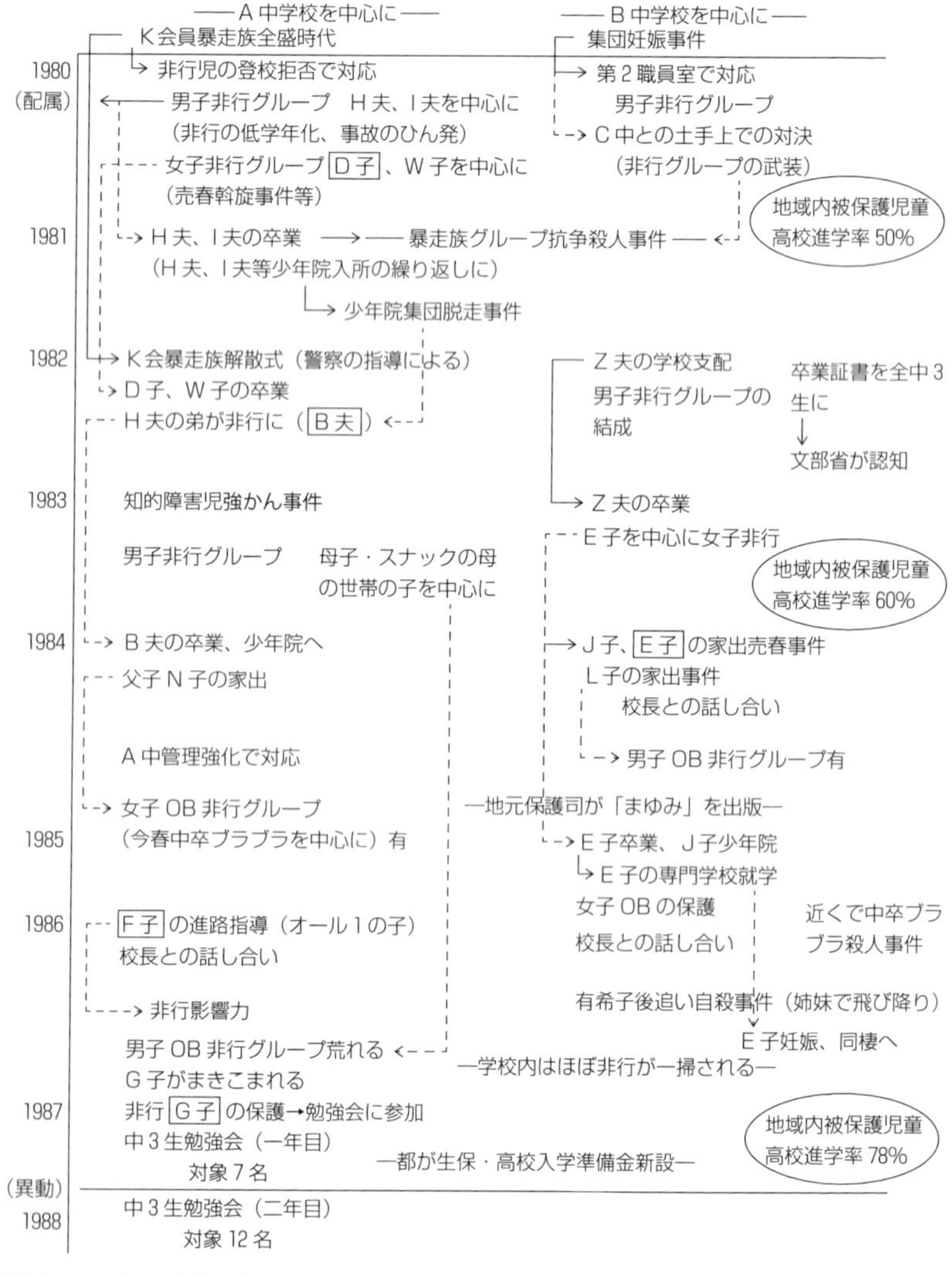
―A中学校を中心に―
―B中学校を中心に―
K会員暴走族全盛時代
集団妊娠事件
1980
（配属）
非行児の登校拒否で対応
第2職員室で対応
男子非行グループ　H夫、I夫を中心に
（非行の低学年化、事故のひん発）
男子非行グループ
C中との土手上での対決
（非行グループの武装）
女子非行グループ D子、W子を中心に
（売春斡旋事件等）
地域内被保護児童
高校進学率 50%
1981
H夫、I夫の卒業
暴走族グループ抗争殺人事件
（H夫、I夫等少年院入所の繰り返しに）
少年院集団脱走事件
1982
K会暴走族解散式（警察の指導による）
D子、W子の卒業
H夫の弟が非行に（B夫）
Z夫の学校支配
男子非行グループの結成
卒業証書を全中3生に
文部省が認知
1983
知的障害児強かん事件
Z夫の卒業
E子を中心に女子非行
男子非行グループ
母子・スナックの母の世帯の子を中心に
地域内被保護児童
高校進学率 60%
1984
B夫の卒業、少年院へ
J子、E子の家出売春事件
L子の家出事件
校長との話し合い
父子N子の家出
A中管理強化で対応
男子OB非行グループ有
―地元保護司が「まゆみ」を出版―
女子OB非行グループ
（今春中卒ブラブラを中心に）有
1985
E子卒業、J子少年院
E子の専門学校就学
1986
F子の進路指導（オール1の子）
校長との話し合い
女子OBの保護
校長との話し合い
近くで中卒ブラブラ殺人事件
非行影響力
有希子後追い自殺事件（姉妹で飛び降り）
E子妊娠、同棲へ
男子OB非行グループ荒れる
G子がまきこまれる
―学校内はほぼ非行が一掃される―
1987
非行 G子 の保護→勉強会に参加
中3生勉強会（一年目）
対象7名
―都が生保・高校入学準備金新設―
地域内被保護児童
高校進学率 78%
（異動）
1988
中3生勉強会（二年目）
対象12名

図3-2　江戸川区東部地域の地域づくり（児童との取り組み）

事例３－１　それぞれの卒業後①

D子の場合（1982年春卒業）

D子は中１の夏からシンナー、喫煙、不純異性交遊を繰り返し、女友達とともに中学女子非行グループをつくっていた。母はスナックのママで、毎日店に泊る状態で、D子は３歳年下の弟と２人、母のスナックの近くの木賃アパートで生活していた。

D子は友達とともに別の中学の中学生を売春斡旋し、10万円を手に入れ２人で山分けして警察に補導されるなど非行を重ねていた。しかし中２の秋、何度かの彼女らとの話し合いの中で、D子は「もうそういうこと、あきちゃった」と言う。その機会に将来の自分について聞くと「小学校の時は××高校に進学しようと決めていたの」と言う。「自分の希望を捨てないでがんばること」を勧めた。学校では「週休２日の子　昼帰りの子」と呼ばれていた子である。

D子は、その後母親の事情がさらに複雑になり転居して福祉の援助も切れるが、その後自分の希望していた高校の定時制に入学した。家庭が「母子世帯」といえないほど崩壊し、早くから１人で生きることを余儀なくされた「番長」であった。

E子の場合（1985年春卒業）

1984年の夏、この地域で4人の生活保護世帯の女子中学生の家出があり、うち2人は同じたまり場にいた。この頃になると、私たちは子どもたちの地域でのたまり場を熟知できたため4人ともすぐに家族のもとに連れ帰ることができた。中学女子非行グループの中心にいたE子とその友人J子は中3の夏、学期末試験を受けずに家出して、2週間後にE子の母親から家出の相談を受けた。たまり場で、彼女らは非行OBの女性の手配により、毎日売春をしては朝帰りの生活を続けていた。

私たちがE子の母親と現場に入ったとき、「売春して何が悪い」と開きなおったが、2人とも睡眠不足でフラフラの状態であった。E子は母親が強引に連れ帰ったが、J子は異父家庭で、家には帰らないと主張して教護院（児童自立支援施設）送致になった。

その後、私はE子に「今から勉強して高校に入学すること」「このままでは健康を害し、20歳すぎには身体に影響がでること」を何度か伝えていたが、夏休みが終わるとE子から「今まで迷惑をかけてすみません。今日から勉強します」と言ってきた。事実、E子は高校入試の準備を始め、秋から冬へある私立高校の入学予備テスト、本テストを受験できた。

ところが、合格の通知はなかった。高校から中学校への説明では、試験と内申書の成績は問題ないが、中学1、2年生の時の出席日数が少なすぎるとのこと。E子は、やむなく高校に準じる専門学校高等課程和裁科（3年課程）に進んだ。生活保護では高校に準じて同一世帯修学ができ、母子福祉資金貸付も受けられることになった。この番長Ｅ子の中３での更生、友人の施設入所によって彼女の中学校では長い間毎年ひきつがれてきた非行グループが途絶えた。Ｂ中学校は翌年、非行がない中学校に生まれ変わったのである。

１人の生徒の希望を支えることは、地域の貧困の悪循環をさせないだけでなく、地域の一般児童を巻き込むこともなくなる。事実Ｂ中学校はこの年まで中卒就職者が毎年50名もいたが、翌年からは激減した。

Ｅ子の入学した専門学校高等課程のその他の学生20名近くは、いずれもＥ子のような過去を持っていた。Ｅ子は最初の頃は修学に努めたが、再び形成された非行グループに入っていき、１年間は学校に通ったが2年目に入ると知りあった男の子と同棲し、翌年には妊娠・入籍して出産した。その際Ｅ子の夫となる男子の父親から福祉事務所に電話があった。「この結婚を認めてよいか」との主旨で私は大賛成であると伝えた。

Ｅ子の将来に不安がないわけではないが、中３の秋から冬へ真剣になった経験は、今後のＥ子の支えになるに違いない。

【事例研究】非行少女Ｅ子の場合─福祉事務所の活動事例─

ここで、Ｅ子の家族の状況及び、福祉事務所における活動を記す。

家族構成　母　　49歳　パート就労
　　　　長女E子　14歳　中学3年生
　　　　二女　　12歳　中学1年生

父はギャンブルに熱中し、長女小5の時離婚。

E子は、中学入学時より、非行の道に入り、酒・煙草・シンナー・怠学・不純異性交遊等を繰り返す。学校は週1日は休む状態で「週休2日」の生徒となっていた。児童相談所等関係機関でも手を焼く少女であった。E子が、他の友人もまきこんでしまう。家でもシンナーを吸い、母が注意すると外泊してしまう。

7月17日　母よりE子が、2週間家に帰っていないと相談有り。母の話から心当たりを一緒に捜していくと、ある非行少女の溜り場にE子はいた。非行少女たちの姉がわりであった人物と話し合う。E子は2週間シンナーを吸い売春を繰り返す生活で、夢遊の状態であった。E子は母が強引に連れ帰った。E子、母と何度か話し合う。高校進学を勧める。

9月9日　E子から虫垂炎で1週間入院後、退院時に「今まで迷惑をかけたが、今後は心配をかけないようにする」と電話をかけてくる。

1月11日　E子は成績から都立高校受験は無理であり、私立A高校受験をすることとなる。

1月21日　11月から1月まで3度にわたる予備試験を受験。

2月3日　本世帯からあるはずの連絡がなく、E子の進路について訪問。
E子は私立A高校より、中学出席日数不足を理由に入学を断られ、洋裁家政専門学校に入学を決めていた。入学後の修学経費の相談有り、母子福祉資金高校等就学資金　修学資金の手続きを行う（3年制専門学校のため高校に準じる）。

事例3-2　それぞれの卒業後②

F子の場合（1986年春卒業）

12月のある日、私は隣の席のケースワーカーから「親が子どもの進学を認めない」と相談を受けた。子どもも低学力で進学の意志を学校に出せないでいると言う。父親は喘息と食道癌で入院中、もと鉄工所に働いていて職人気質で頑固者であった。母親は1日2時間食堂で皿洗いをしているが無学文盲であった。

中学校に担任を訪ね、3年生主任も交えて話し合ったところ、F子は成績が中学3年間を通じてほぼオール1であった。父親とともに、学校もF子の進学には反対であったけれども、近い先にこの世帯は母子世帯になる。その時F子を中ブラにさせては、F子の転落だけでなく、この家庭は崩壊してしまう。そのことを校長と話し合い、その時点でF子を進学扱いすることとなった。

その日から、F子への学習の助言を担当ワーカーと担任教師は続けたのである。F子はたった2カ月間で、中学1年からの学習をやり直し、ある私立高校に合格した。事情を知っている高校からは「学校の成績に比べて、入試の成績は考えられないほどよかった」と連絡があった。

F子は母親と入学手続きに行ったが、その高校からその日福祉事務所に直接電話が入った。「このお母さんで本当に高校3年間の就学は大丈夫なのですか」。担当ワーカーがその場で高校へ説明に行き、F子は進学できたが、生活保護世帯で高校進学率が低い原因の一つに親自身の低学歴による諸手続きの困難さがあることを思い知らされた。

その年の7月、私たちはF子からの便りをもらった。

> どうにか高校にもなれてきました。勉強もがんばっています。成績は組で8番になりました。中学校の時とは違って、絶対組で5番以内に入りたいと思うようになりました。自慢していうほどのことではありませんがとてもうれしいです。ありがとうございました。

F子の成績はその後クラスで5番以内が続き、卒業後は丸の内で働くOLになった。

F子の進学は、彼女の出身中学に様々な驚きと自信を与えた。それまで、生活保護世帯の子どもの高校進学は費用、低学力の両面から無理で、生活保護世帯が中学生の1割をしめている同校は、高校進学率は低くて当たり前と考えてきたのであった。そうした判断は誤っていることをF子は証明した。

G子の場合（1987年春卒業）

G子は中学ＯＢ非行グループ（前々年度卒業中ブラ少年を中心に）に中２の秋から引き込まれ、長期欠席等を繰り返し、中３の12月から仲間のうちの17歳の少年と同棲を始めた。翌年1月末にグループで事件を起こし、補導された中にG子もいた。

母子２人世帯で、母はG子に過保護であり、G子の非行にオロオロするのみであった。少年のアパートにG子を訪ねて、私たちは「２月４日が公立高校入試願書締め切り。今からでも遅くない」と高校進学の希望を捨てないこと、受験までは責任を持って私たちワーカーが教えることを説いた。G子はその２日後から、私たちが福祉事務所で開いたばかりの中３生勉強会に通うようになり、入試の前日まで20日間通い続けたのである。

G子の場合、全日制が不合格になった後、少年を取るか自分の進路を取るか迷った末、定時制２次試験を希望しなかったのは残念であった。しかし、非行グループからは自分の意思で抜け出たのである。

このG子が受験した都立工業高校は東京下町にあって、毎年１３６名の定員のところ５６０名ほどが応募している。偏差値がもっとも低いといわれ、この高校に不合格となった子どもたちの多くは下町の各定時制高校を再受験するが、400名を超える不合格者の半数近くは、定時制にも行けなくて毎年無職少年になる。

5　生活保護世帯と高校進学

生活保護世帯・低所得世帯の児童の高校進学率が低いと、その地域は大きな影響を受ける。私は、この地域を担当して以来、福祉事務所の他のケースワーカーに、ここの地域の生活保護世帯の高校進学率の低さを克服すれば地域全体の荒廃が防げると問題提起し続けた。福祉事務所のケースワーカーといっても、自治体の職員がたまたま異動でケースワーカーになっただけという現状の中で、「この子どもたちは、自分で就職すると選択しており、高校進学など考えてもいない」「親に高校進学を勧めても子ども自身に行く気がない」と消極的な意見も多く、「中卒で働きに出て、保護費を早く減らせるのがよい」と単純な意見も繰り返し出された。

この地域の高校進学率の低さと非行の関係の問題提起にも、地元の出身者が多い職員の中で「自分はA中の出身でたしかに非行は多いが、自分は非行グループに影響されないでやってきた。本人の考え方だ」「シンナーもやったが、即非行ではない」と疑問も多く聞かれた。

そうした意見のケースワーカーも、実際に生活保護世帯の援護を続けるうちに、深刻な事実にどんどんぶつかってしまうのである。

中卒就職者のはずだが、実際には働いていない。1日だけで仕事をやめてブラブラしている。収入が低くて家計を助けるどころではない。家出したり家にもどったり、子どもたちの実態がつかめない。中学卒業後すぐに同棲して出産したが、父親である少年は他の女性のところへ行って戻ってこない。母子世帯の子どもの世帯がもう母子世帯になって生活保護世帯になった……等々。

私たちの福祉事務所では、生活保護世帯への援助課題の申し合わせとして子どもへの援助の重視を決めるようになったが、最初は中学3年生の進路指導から始まり、翌年には中学2年生、翌々年には中学1年生からの進路指導に早められていった。生活保護世帯でも高校へ行けるということを早く知らせないと、低学力のままでは手遅れになってしまうからである。こうした取り組みの中で、この地域の生活保護世帯の高校進学率は50％から徐々に上がっていき、それとともにこの地域の中学校の非行・荒廃は減少したのである。

1986年秋、厚生省の監査がこの福祉事務所に対してあった。その際、福祉事務所の何人かのケースワーカーは、自分の担当する世帯を説明し、生活保護制度が高校進学を保障することがいかに大切かを国の監査官に具体的に説明した。これには、当時全国的には「保護の適正実施」という名の保護の引き締めを指摘することで恐れられていた国の係官たちも、「生活保護世帯の二世代化防止に所をあげて努力していることを評価したい」と、この実践の重要性を認めたのである。その後、厚生省は私たちの福祉事務所に子どもの処遇の状態を確かめに訪れた後、保護の引き締めの方針から一転して、「ケースワークの重視」「子どもの重視」を全国の福祉事務所に指導することとなった。

しかしながら、生活保護費の自治体負担の増加の中で自治体による生活保護の引き締めは引き続き各自治体・福祉事務所で行われ、「保護適正化の十年」と言われ、「札幌母子餓死事件」[*1]や「荒川区問題」[*2]などが次々と発生した。実際には、この時期の生活保護母子世帯等の引き締めの結果が今日の「貧困の連鎖」をつくってきたのである。

6　地域の非行に取り組んだ児童福祉司・保護司がいた！

1980年代前半、私の福祉事務所で実施した中学生の進路調査で、江戸川区東部地域の生活保護世帯の高校進学率は50％を割っていた。そのため、この地域の各中学校の高校進学率も8割を割る状態であった。これらの高校不進学者のほとんどは、生活保護世帯ないしは生活保護を廃止になった世帯等の低所得世帯、母子父子世帯の子どもに限られていることがわかった。しかも、そのほとんどは「進学も就職もできない子どもたち」であった。

『江戸川区保護司会報』1992年9月号では、当時のこの地域について、「保護観察対象者が日本で多いのは東京、内江戸川区は3番目、内、多いのがこの地域。福祉の揃った良い区」だが、「各区の人口比によって割り出すと保護観察の対象者は都内でも相当上位」だったと回想し、そうした中で行われてきた保護司の活動を紹介している。和歌山県御坊市と同様の地域が形成されていたのである。

この地域の福祉事務所ケースワーカーとなって、この問題に取り組む時、幸いにもその最初から、福祉事務所に近接する実践領域での専門職の先輩の活動に接した得がたい経験が２点ある。そのことに触れておきたい。

事例3-3　ある児童福祉司と保護司の奮闘

私が地域を担当して最初の担当ケースとなった母子・生活保護世帯の子どもについて、福祉事務所に週２日通ってくる東京都墨田児童相談所のＨ児童福祉司より「一緒に取り組んでほしい」との申し出があった。前述の売春斡旋を行っていたＤ子の一件である。

そのＨ児童福祉司は、この地域の非行少年対策で過労が続き、その後２年ほど病気休暇を取り、そのまま定年を迎え、退職１年後に死亡した。この頃、関東の少年院や都立の児童自立支援施設はいずれも、入所者の４人に１人がこの地域の少年少女といわれる状態が長く続いていた。それらの子どもたち一人ひとりと接して施設への入所措置を行う処遇の大半を、Ｈ児童福祉司は長年１人で担当していた。まさに「過労死」であった。

幸いなことは、Ｈ児童福祉司とともにこの地域に少年たちの荒廃と奮闘していた保護司の清川さん（仮名、後述）がいたことである。

清川さんは、保護観察処分になった中3少女と出会い更生を働きかける。

少女は非行グループ、暴走族グループに囲まれた中で、たびたび挫折を繰り返す。中卒不進学となり、無職少年となって非行を繰り返すが、暴走族の恋人のバイク事故死を転機に、「私、やり直せるかな。看護師になりたい」と相談があった。清川さんがアドバイスを続けた結果、少女は地元の医師会准看護学校に通って准看護師として働き始める。


少女の中3から就職までを支えた活動の経過を、清川さんは1985年『まゆみ—非行少女と女性保護司の記録—』[*3]にまとめて出版した。出版当時、荒廃したこの地域が特定されないように筆者名も区名・地名も伏せて、東京保護観察所長の「序」によって事実の記録だとわかる形で出版された。私たちは福祉事務所での取り組みが進む中で、地域を伏せたこの本を手にすることができた。なお、この本が猿渡清子さん（江戸川区保護司会副会長）によって書かれた実践記録であることが『江戸川区保護司会報』1998年9月号で紹介された。公表できたのは、この地域の子どもたちの非行が、福祉事務所ケースワーカーの高校進学に対する取り組みの中で収束したからである。

では、福祉事務所ケースワーカーたちはどのようにこの問題に取り組んだのかその経過を紹介したい。

7　福祉現場がつくった高校入学準備金

１９８０年代前半、これらの問題に気づいた新米の福祉事務所ケースワーカーたちがいた。１９８７年4月、私は、東京・足立区役所教育委員会の長谷川勝美さんからの手紙を受け取った。長谷川さんは１９８０年から5年間、同区の福祉事務所ケースワーカーであった。以下、手紙の要約である。

私たちは7年前福祉事務所に配属された同期生の会をつくり、勉強会を持ったが、そこで生活保護世帯の児童の高校進学率が非常に低いことが話題になり、自分の区だけだろうかと考え調査を行った。その結果は『住民と自治』１９８０年7月号に紹介されたが、その報告を読んだ他の自治体にも調査活動が波及し、以後繰り返し調査・実践活動が続けられて今日にいたった。そうした調査・実践活動を生かして、今年、東京都の予算で被保護世帯の中学卒業者自立援助事業が決まった。高校入学準備金を支給するもので、ニュースを知って非常に喜んでいる。

長谷川さんたち足立区の同期会の調査が当時、明らかにしたものは、

①　生活保護世帯の児童の高校進学率は調査協力のあったいずれの区とも70％前後であり、一般の高校進学率94％よりかなり低い。

②　東京23区の一般の高校進学率と、区民1人当たりの所得の順位は正比例している。一般の高校進学率は東京東部地域（足立区・江戸川区等）においては90％で、23区の平均よりかなり低くなっている。これは生活保護世帯を含む低所得者の多い地域で高校進学率が低いことを表している。

③　生活保護世帯の指導・援助が世帯主中心なため、児童の進路指導がなされておらず、高校奨学金の制度や都立高校授業料免除制度がほとんど活用されていない。

私はこの報告を読んで、自分の福祉事務所の管内はどうなっているかを、職場の協力を得てすぐに調査した。そして、生活保護世帯の高校進学率が50％・60％・70％と、管内三地区がはっきりと異なっていたことに驚かされた。私の係は一番進学率の低い東部地区を担当していた。

中卒無職少年

それでは、高校に進学しない中学卒業者はどうしているのだろうか。実にケースワーカーの誰もが、このことに悩み続けていることを知った。今日、高校へ行かなかった中学卒業者をかかえる家庭では、その日から思いもよらない家庭の悲劇に直面している。

①　中学卒業時、低学力等が影響して、就職も決められなかった者が少なくない。余儀なくブラブラとなった者は、貧困・低所得の家庭から、高校就学の場合に劣らない生活費を持ち出していく。

②　中学卒業就職者の多くが、就職して数日～3カ月で仕事を辞めている。次の仕事を見つけるまでの期間は、やはり家庭からの生活費の持ち出しにならざるを得ない。

③　中学卒業未就職者については、生活保護では一定の指導・指示の期間の後は世帯分離扱いをし、保護の人員に含めない措置をとる。そうしても、その子どもはその世帯で実際は生活しているので、さらに生活は苦しくなる。貧困・低所得世帯では、子どもにその生活の重みがのしかかって、中学卒業後の「無職少年」が生じている。

私の担当地区でも、これらの少年たちは、地域の中学生の非行化に大きな影響を与えていて地域全体の荒廃の原因となっていた。地域の荒廃を進めながら、早い時期の結婚や同棲が進んで、さらに子ども世代の家庭崩壊も生んでいる。貧困の世代間継承、生活保護の二世代化・「貧困の連鎖」につながっている。

そうした実態をどう改善していけばよいだろうか、私たちは、まずそうした子どもたちと話し合うことから始めた。

非行がやんだ

1985年の夏休みに、被保護世帯のある中学校の3年生が各々違った事情で家出する事件が4件続いた。中学卒業後に期待をもてない子どもたちは、中学入学後の早い時期から、自暴自棄になっている場合が少なくなく、低学力・怠業から非行、不純異性交遊に走ってしまうのである。

家出した子どもたちは、私たちの係の職員の第六感で、4人とも家に連れ帰ることができた。私たちは、その児童たちに、今からでも遅くない、勉強をして高校に就学するようにと勧めた。その結果、その中学校は翌年に非行が受け継がれなかった。10年以上も続いた非行が止まったのである。

別の中学校では、1985年12月、高校進学を親の反対であきらめて、中学3年間オール1の通知表ですごしてきた前述のF子に進学を勧め、勉学のポイントをアドバイスして援助したところ、F子は私立高校に合格しただけではなく、高校1年の1学期には「クラスで8番になった。自慢できることではありませんが」という手紙をくれるまでになった。

1987年、1、2月には福祉事務所の有志で、被保護世帯・低所得世帯で低学力の中学3年生7名を対象に「江戸川中3生勉強会」を開いた。いずれも不登校・非行等の問題を抱えていたが、この子どもたちは「自分だって高校へ行ける」と知った日から、高校受験の前日まで誰もがこの勉強会を1日も休もうとしなかった。子どもたちの熱意は、ひたむきで、私たちの方が多くを教えられた。

進学率が30％上昇

かつて、中学卒業者が金の卵と言われた時代があった。けれども、中学卒業者の求人は年々減少して、今はほとんど皆無である。高度情報化時代に入り、雇用先からは即戦力が求められるようになり、誰しも高校卒業程度の学力が必要とされる社会が進んでいる。少なくとも電卓やレジが打て、その入力が正しいか否かが瞬時に判断できる能力が求められている。

生活保護世帯の子どもの高校進学は、本当はすでに１９６９年より認められている。にもかかわらず１９８０年代は保護の引き締め等の中で全体の高校進学率の上昇にブレーキがかかっていた。被保護世帯の長期的な社会的自立をめざした援助が不十分であった。ケースワーカーの異動が激しい自治体が多い東京都の被保護世帯における高校進学率は１９７４年の86％から１９８４年には67％と低下していたのである。

そうした中で、私たちの現場からの６年間にわたる問題提起をうけて、東京都では１９８７年度から「中学校を卒業する被保護児童に対する自立援助金支給事業」を新設した。援助事業の内容は、高校入学準備金、就職支度金５万円である。この年度の鈴木俊一都政の重点施策の一つに位置づけられた。

制度の主旨は「大多数の中卒者が高校に進学しているがこれは社会が高能率化時代に入り、新しく社会に巣立つ人たちには高校卒業程度の教育が求められている」中で「東京都の生活保護世帯の高校進学率は１９７４年の86％から１９８４年には67％と低下しており、生活保護法の重要な目的である自立助長の観点からなんらかの援助を行う必要がある」としている。

私たちの担当した地区での生活保護世帯の高校進学率は６年前の50％から１９８７年春には

80％に上昇した。このことが、地域や学校をどのように大きく変えたか、今までの報告から想像していただければ幸いである。

この年の春、この地域の生活保護世帯の中学3年生の多くが定時制を含めて高校進学できたが、その子どもたちに新しくできた高校入学準備金を配り終えたところで、私は自治体の他の仕事に異動となった。

私が異動していなくなった職場では、ケースワーカー1年目の職員らを中心に、翌年11月からこの中3生勉強会が再開し、週3回、4月定時制2次募集の発表がある日まで5カ月間続けられた。生徒は12名、いずれも低学力で、そのままでは到底どこにも入学できない状態の子どもたちであった。

そうして、その後、全国各地の福祉事務所や児童福祉施設ではこれらの問題提起をうけて、すべての子どもたちが恵まれないゆえに不幸を何世代にもわたって引き継ぐことにならないよう、貧困の連鎖を克服するための取り組みが始められた。

8　どの子も機会さえあれば高校に行きたいと思っている

生活保護世帯の中3生勉強会

第一章に紹介した事例を教訓に、私は福祉事務所ケースワーカー時代、貧困世帯の子どもたちを放置してはいけないことを職場のケースワーカーたちに訴え続けた。そうした中で、福祉事務所で生活保護世帯の高校進学を高める取り組みが１９８０年から続けられ、進学者が増えるとともに非行が減少してきたことは前述した通りである。

しかし、進学希望しない子どもや親も多く、異動が頻繁な中でケースワーカーの新人になった職員から、私たちの取り組みに関して繰り返し「中卒就職は本人の希望だから」「勉強は嫌いなのだから」と疑問の意見も出され、ケースワーカー全員での取り組みになるのは容易ではなく、実際に進学指導からとり残された中卒不進学見込みの者とぶつかる場が必要になった。

勉強会は、ケースワーカーが自分の担当する生活保護世帯の中で、学力不振などで高校進学をあきらめている子どもを説得するところから始まる。中３秋の三者面談が学校で進む中で、進路を決められなかった子どもたちである。子どもたちは多くの場合、学力不振や家庭事情がよく似た友人を連れてきた。

子どもたちの多くは、成績がオール１に近く、それゆえにすでにずっと不登校の者、不登校になりがちな者、すでに非行グループと接触している者、髪を染めかけた者等さまざまであるが、これらの子どもたちの多くが、毎年この勉強会に一度来たら、〝一日として勉強会を休まない〟のである。

それだけ子どもたちをひきつけているものは何だろうか。

この中３生勉強会の成果が、勉強会のメンバーによってまとめられているので紹介する。

① 子どもの本心を引き出すために、生活保護世帯の訪問活動の中で子どもに話しかけるようになった

それまで時折家を訪ねてきて親をいじめているように見えたケースワーカーが、勉強で困っていることを聞き、高校へ進学を勧め「勉強を教える」というのである。子どもたちは半信半疑のまま、親にとってこわい存在の福祉事務所を訪れる。そこで待っているケースワーカーたちの真剣さは子どもたちにとって驚きである。

② 子どもたちは信頼できる大人を求めていることが分かった

生活困難家庭の子どもたちが日常接する大人の範囲は極端に狭いものとなっている。貧困ゆえに親戚づきあいもほとんどない家庭が多い。子どもたちにとって社会的視野を広げてくれる大人は教師しかいないが、学力不振・非行を抱えて教師に心を開くことはできないでいる。そうした時にやさしく声をかけて存在を認めてくれるのは非行グループであり、チンピラ、暴走族なのである。

前述のレポートで触れた非行少女G子は勉強会には2月の20日間しか通ってはいないが、高校受験不合格の後、こうした非行グループから自分の意思で抜け出て自分の生き方を見つけたのである。

③ 子どもを通して、家庭の本当の姿が見えてきた

これまでも福祉事務所ケースワーカーは、世帯主を通した生活状況の把握のため信頼関係を

つくることを強調してきた「ケースワーク」であるが、経済給付を減らすのが目的ではないかと保護世帯に警戒心をあたえた。そして子どもにも「中卒後働け」と言いかねないと、ケースワーカーに子どもを会わせることを警戒した家庭が少なくなかった。子どもの代まで考えてくれているという信頼関係は、生活状況の把握をより正確なものにしている。

④　子どもが変わることに確信が持てた

子どもたちは不安と緊張の中で勉強会を訪れる。「自分は勉強がこんなにできない。そのことが他人に知られる」という不安はこれらの子どもたちが常に周囲に抱いている不安なのである。低学力であることは、社会に出ると、就職してもパートでもすぐにバレてしまう。

子どもたちとは中学1年からの教科書で勉強会が始められる。英語・国語の一番やさしいところから読ませる。数学の一番やさしい問題から解いていかせる。「すごい！　できるじゃないか」、にわか講師たちは子どものレベルに合わせて一つひとつ自信を持たせながら勉強を始めるのである。子どもたちは最初はつまずきどおしである。これらの子どもたちの教科書のなんときれいで新しいこと。折り目一つ、線一つ引かれていないのである（教師はせめて最初の授業で教科書の表紙の折り目はきちんとつけるように教えてほしい）。

私は国語を担当しているが、国語の教科書から3回にわたって、

1回目　詩、短歌の題材

2回目　戦争をテーマにした題材

3回目　「走れメロス」などの長文の題材を使用している。詩は、読めない子どもたちが簡単に読む練習ができるし、叙景を話し合うことができる。戦争をテーマにしたものでは生きることの大切さを共有できる。「走れメロス」では、ほとんど字を読めなかった子どもたちが、2人交互でつっかえながら全部を読めた時、これらの子どもたちの表情はとても明るい表情に変わるのである（こうした時、子どものこのような変化を毎日みられる教師はうらやましいと思う）。

⑤　ワーカーの仕事の姿勢が変わった

ケースワーカーといわれても、専門性が取り入れられず、自治体の他の仕事から異動してきた職員にとって、貧困世帯とのかかわりはとても重い仕事である。中には、生活保護世帯は「なまけ者」として厳しく追いつめる職員も出てきて、そういう意見に支配されて東京都荒川区のように「保護者狩り」が実施された地域すらある。しかし、貧困問題の解決には、教育や教育とも関連した就労機会の保障などの根本的な解決を、その世帯を通して図るしか方法がないのである。

こうした仕事の大切さはワーカーから異動する頃になって気づく職員が多い中で、勉強会の講師になったワーカーたちはこのことに早く気づいて取り組むことができるのである。

⑥　学校に日常的に働きかけができるようになった

前回の私のレポートや中3生勉強会の話が伝わる前は、「地域から非行が減ったのは管理を強化したから」と思いこんでいた教育関係者が多く、警察署からも「なぜあれだけの非行が減ったのかわからない」と思われていた。

ケースワーカーの取り組みが理解される中で、子どもの進学のこと、不登校児のことでワーカーが日常的に学校に訪ねていける条件がつくられている。

これらの学力不振の子どもたちには、中学3年生の秋では遅いかも知れない。実際、子どもたちの頑張りにもかかわらず、公立高校合格発表の朗報が福祉事務所の勉強会のメンバーに届かないこともある。子どもたちの勉強会の本番は、公立高校合格発表の日から始まる。勉強会は全日制・定時制二次募集・三次募集を追って、メンバーは子どもたちを励まし続ける。

9　貧困の世代間継承は断ち切れる

教師の進路相談では「勉強は嫌いだ」「高校には行きたくない、早く社会に出たい」というこれらの子どもたちの多くが、声をかければ勉強会に通ってくるのはなぜか。

その一つは、これらの子どもたちは自分が学力不振のままに社会に出ることに強い不安、恐怖を持っているからである。九九ができない、ＡＢＣが読めない、就職しても続くはずがないという自分についての不安は、実際は福祉の側から「きちんと説明し、進学の希望を持たせる」

ことができれば、前述の事例のようにたとえ通知表がオール1の著しい低学力の子であっても、その後若干の学習の援助で、その子の学習意欲を引き出すことができ、容易に解決できるものであった。

さらに、これらの子どもたちの環境は、家庭崩壊などまわりから声を掛けてくれる大人がほとんどいない中で、それまで、彼らを相手にしてくれ声を掛けてくれる人は、中学生及び0Bで構成された非行グループであり、地元の暴走族、チンピラであった。彼等が教えられるものは、性であり、窃盗であり、暴力であった。

これらの子どもたちは、自分にない知識、未知の世界を教えてくれる人なら誰でもよかった。つまり、福祉事務所のケースワーカー、役所の職員、学習ボランティアでもよかったのである。非行の真只中にいた子どもたちが、勉強会の場で非行を広げることはなかった。声を掛けてくれたこの機会に、自分が自分の意思、不安にかかわらず突き進もうとしている非行の道をここで変えなければ、もう変えられる機会はない。彼らは、自分がこのままでは自分の将来が非行、性の泥沼に引きずられてしまうことを誰よりも知っていて、自分自身を恐れていたのである。したがって、勉強会に声を掛けてくれたことは、彼らにとって「救世主」そのものであった。この場を壊しては、自分は救われない。

1988年の勉強会には、区の教育委員会教育相談室からの紹介で生活困難家庭でない不登校の中学2年生がその友人と訪れるようになったが、「中流」家庭で両親のそろった子ども2

人の会話は、それまでの生活困難家庭の子どもたちの会話と全く違う面があった。会話に「両親」のこと、「家族で車で旅行した」こと、「遊園地」の話がでてきたのである。それらとなんと縁遠い中で生活困難家庭の子どもたちは成長しているのだろう（ちなみに世界的に有名な遊園地が隣の市にあるが、この区の生活困難な家庭の子どもへの聞き取りで、そこに行ったことがある者はほとんどいなかった。なおこの不登校児は中学3年生の春から学校に復帰した）。

今日、生活困難家庭の子どもたちは、階層格差の拡大の中で、学力だけでなく、現代を生きぬくための生活力そのものに大きな格差を強いられている。

かつて高校全入や高校増設が、市民の教育要求として活発だったことがあるが、高校進学率が九割を超え、高校不進学者が生活困難家庭に限られるようになるとそうした教育市民運動も消えてしまった。また不登校児の一部に「中流」階層の子どももいることを反映して、「元気いっぱい登校拒否」ともてはやす論調が見られるが、「子どもの貧困」といわれる格差社会が進む中で、取り残された子どもたちの問題を解決しないで、再び高校不進学者を拡大させる結果を招くことにならないよう充分すぎる注意が必要だと思われる。不登校児童をそのままに放置することは、その子の将来に貧困を生むことは目に見えている。

一方で高校全入や高校義務化を主張しながら、具体的に残されたこれらの子どもたちに支援の手を差し伸べず、残されたたった２％の高校進学率の上昇努力をしないでは教育の機会均等は実現できない。40人学級・35人学級の実現も、高校に１００％の子どもたちが進学できるためのものであってほしい。「豊かな」社会で、地域を荒廃させない保障はとり残された一人ひとりの子どもをどう援助していくかなのである。

10 「江戸川中3生勉強会」はどのように伝えられてきたか

1987年12月17日付「朝日新聞」は「教育前線」の中で、「私たちの先生は「区役所職員」」「希望の進路にいけるよう中3を後押し」「14人が得意科目で「分かるかな」」の見出しで中3生勉強会の開設にいたる経過を紹介している。

学力の遅れている中学3年生が希望の進路へ行けるように、と江戸川区役所の職員がボランティアで「学習塾」を開いている。最初はあいさつもできなかった生徒が元気よく「こんばんは」と頭を下げる。「さぁ今日はこのへんで」というと「先生、もう少しお願い」という子も出てきた。今シーズンは来年3月まで続く。（中略）1986年、2人のケースワーカーは女子中学生2人から相談された。「進学なんてとてもむり」と学校からいわれていた2人だったが、それぞれの家庭に通った。1人は私立高校へ、もう1人は専門学校へ進んだ。1987年は12月から始めて、生徒は女子5人、男子2人。家庭訪問方式ではむりなため福祉事務所の休憩室を使うことになり、2人の先生のほかに10人の職場の仲間が協力を申し出た。

なお、記事には「区役所職員の先生を囲んで勉強する中学生」として、私も含む講師陣と、通って来ている中学生が一緒に写った写真が掲載された。

１９８９年11月「産経新聞」下町版は、「繁栄の中の忘れもの—荒川区の生活保護問題から—」を10回にわたって連載した。その中で15日付では「学力不振児のために勉強会」「下町の福祉事務所職員ら献身的な努力」の見出しで、私へのインタビューを中心に次のように報じている。

「貧困からくる低学力、労働力の欠如。結果として貧困の再生産」という悪循環は、（暴力団員生活保護不正受給事件の）和歌山県御坊市だけの特殊な問題ではない。東京の下町でもこのような根本的な問題の解決に積極的に取り組んでいる福祉事務所の職員がいる。荒川区と同じ下町にある別の区では、福祉事務所の職員が中心となって、昭和60年から学力不振の中学3年生に高校進学のための勉強会を行っている。

この勉強会の講師の一人で、元ケースワーカーの宮武正明さんは、勉強会を始めたきっかけについてこう説明する。「貧困や疾病など深刻な問題を抱えている世帯は、すでに家庭が崩壊していることが多い。こんな環境のなかで子供たちの学力もなかなかつかず、本人も高校への進学をあきらめてしまうわけです。」

東京都が昭和59年に実施した調査によると、都内の生活保護世帯の高校進学率は68％だった。全体平均は94％。中卒者が「金の卵」と呼ばれていたのははるか昔のことだ。もちろん、中卒者で立派に仕事に就いている人もいる。しかし、集団就職のころのように仕事を教えて一

人前にしようという雇用主は今ではなかなかいない。即戦力になる大学生のアルバイトなどのほうが使いやすいのだろう。中卒での就職はかなり難しい状況だということは否定できない。そして、結果として、将来の保障のないアルバイト的な不安定な職を転々としてしまいがちになるという。

もともと生活に余裕のない生活保護世帯が、中学を卒業して定職に就けずブラブラしているような子供を抱えた場合、問題はさらに深刻だ。「働けるのに働かない」として保護費は減らされる。家族全体の家計をさらに圧迫することになる。

宮武さんは「就職をしてもなかなか職場に定着できず、再び悲惨な状況に陥ってしまう子供が少なくないわけです。これを無くしていけば貧困そのものをなくすことができるんです」と力説する。

勉強会は、ケースワーカーが自分の担当ケースの家庭の中で学力不足などから高校進学をあきらめている子供を説得するところから始まる。経済的な貧困に加えて、早い時期から勉強につまずいて、九九やABCもおぼつかない子供らだが「機会さえあれば高校へ行きたい」という思いは同じだ。

経済的な問題は奨学金や貸付金の制度を使えば解決する。学力さえつけば高校へ進学できるのだ。ケースワーカーが自ら学校へ出向いて、高校進学のための協力を要請することもした。

勉強会の場所は、福祉事務所の休憩室。週に3日、国語、数学、英語の三教科に分けて教える。講師は福祉事務所のケースワーカーのほか、区役所の他の部署からも応援が駆けつける。

ほとんどマンツーマンでの授業だ。この勉強会を行っている講師は全員がボランティアだ。つまり本来の福祉事務所の業務を超えた仕事だ。だが、高校の卒業証書をもってうれしそうに福祉事務所を訪ねてくれる子がいる。進学をあきらめていた子供たちが明るい表情を取り戻してくれる。結果的には受験に失敗しても、自分の将来への自信を持ってくれる。

そんな福祉事務所職員らの願いをのせて、今年の勉強会も今月7日にスタートした。


この記事は、「下町のある区」として、「江戸川区」の地名を入れることができなかった。「江戸川区」の地名を入れることができるようになったのは、江戸川中3生勉強会の長期にわたる実践が各地に知られ、各地で中学生勉強会が開かれるようになってからのことである。

『サインズオブザタイムズ』1990年4月号は、勉強会の現場の取材と私へのインタビューにより「こちら下町福祉事務所　春待ち中3生勉強会」との見出しで特集記事を組んでいる。


新しい学年が始まる4月、若者たちの多くは家族に祝福されながら、上級学年、上級学校へ進んで行く。国民の9割以上が幸福感と中流意識を持ち、中学生の、やはり9割以上が高校へ進学する現在の日本。数字を見る限り、誰もがこの時代を「豊かな時代」というだろう。

しかし、その大多数の国民が享受する繁栄の陰で、置き去りにされている家庭、そして若者たちがいる。困難な生活環境の中で低学力になっている彼らは、高校へ進学できず、かといって就職もできずブラブラしてしまう。その結果は、荒廃した生活と貧困生活の繰り返しであることが多い。

そんな若者たちを中3の冬に呼び集め、励まし、ともに勉強し、彼らを高校へ進学させることで、貧困の鎖を断ち切ろうとしているグループがある。毎冬、明るい15の春を待ちわびるこの中3生勉強会は、東京の下町にある福祉事務所の休憩室で開かれている。

◇「高校進学率と保護率の関係」について

生活保護世帯・母子父子世帯など、生活が困難な世帯の子どもたちの高校進学率は、平均よりかなり低くなっています。全国平均に近いある県の場合、全体の高校進学率に比べて生活保護世帯では16・4%も低いのです。生活保護、母子父子世帯は全体の7・1%なのですから、40人の学級なら約3人、このような世帯の子供たちがいることになります。高校進学率が低くなってしまう理由としては、次のようなことがあります。一つは、これら保護世帯・低所得世帯では、義務教育の早い時期から親が生活の諸問題に追われ、子供の教育に眼が届かず、結果として子供たちが低学力になってしまう場合が多いこと。また、親が子供の高校3年間の修学に責任を持てないために「高校へ行け」と言えず、一方、子供が家計を見て早くから進学をあきらめている場合が多いことなどです。

高校へ進学しない子どもたちが、就職しているのであれば問題ありません。しかし、今日彼らに職を持たせて育ててくれる職親はほとんどいませんし、アルバイトの雇用でも高卒や大学生を優先しますので、彼らのための職場はわずかしかありません。中卒者が「金の卵」と呼ばれていた時代は、はるか昔のことなんですね。こうして、教育の場からも働く場からも取り残された若者たちは、ブラブラするしかなく、結局は貧困の繰り返し、保護の世代間継承が起こってしまうのです。
　私たちが中3生勉強会を開くのは、1人でも多くこういった状況の中学生を高校へ進学させてそれによって貧困の連鎖を断ち切りたいからです。高校進学率の高い富山、広島、長野といった県では、保護率が「社会減」となっています。つまり、高校進学率と保護率は反比例的な関係にあるのです。

「勉強会発足前に出会った子どもたち」では、前述した２人の女子中学生の例を引用して紹介している。

◇畳に坐って一対一の勉強
　少し勉強会の現状についてお話します。…勉強会は週に3回、夜6時から2時間行っています。場所は、福祉事務所の畳の休憩室で、広い畳部屋であることが子どもたちには喜ばれています。勉強会を11月に始めているのには理由があります。11月といいますと、どこの中学校でも3年生の三者面談が終わる頃でして、高校進学を半ばあきらめかけていた子どもたちも、「本当に自分は進学できないんだ」という事実と真向かうわけです。私たちはそこに働きかけるのです。どんな子どもでも、本当は高校に行きたいのですから……。5ヶ月間集中してがんばる。特に、最終の3月を重視して、定時制高校の二次募集、三次募集の試験まで子供たちを励まし続けることが、とても大切なんです。（現在は1年間通して開設しています）

最初はスタッフの数もわずかでしたが、現在は40名ほどおり、英数国の3グループに分けています。これだけの人数が集まりましたので、毎回ほとんど一対一で勉強を見ることができます。スタッフは、福祉事務所の職員やOBが中心で、無論全員がボランティアです。

◇子どもたちは驚くほど変わる

この勉強会を通じて、子どもだけでなく、福祉に関わる者たちも本当に多くのことを学んでいます。たとえば、勉強会を通して子どもたちに話しかけることが多くなり、子どもたちの本心が少しずつ見えるようになりました。特に、自分を認めて信頼してくれている大人を彼らはいかに強くもとめているかを痛感しました。普通なら、暴力団や暴走族の人間ぐらいしか、彼らを相手にしないのですから。

また、子どもの話や家庭訪問を通じて、家庭の本当の姿、親の現状が見えるようになりました。それは、生活保護世帯の隠している部分が分かってしまうということより、むしろ彼らの親たちのたいへんさが身にしみてくる、ということです。そして、若いケースワーカーにとっては、こういった体験で、何冊もの本を読むより「貧困」というものが本当に分かるわけです。

加えて強調したいことは、先ほどのF子が典型的ですが、子どもたちが驚くほど変わるということです。勉強会で学ぶ子どもたちは、ここに集まる前には低学力と非行の真っ只中にいます。ABCも九九もおぼつかない、ほとんど学校に行っていない子どももいます。しかし、勉強会に来るようになると、彼らの多くは、1日も休みません。

私の担当は国語ですので、彼らと国語の教科書をじっくり読んでいるのですが、驚いたことに不登校の子どもたちの教科書は、まっさらで、きちんと開いた時にできる折りじわさえついていないことがあります。そんな教科書の開き方から始めて、毎年、詩と、原爆を扱った原民喜の『夏の花』、学童疎開を扱った向田邦子の『字のないはがき』といった戦争もの、そして太宰治の『走れメロス』を読むようにしています。はじめは、たどたどしい読み方も、彼らのペースにあわせて説明しながら読んでいきますと、随分上手になります。と同時に、新しい世界に出会った喜びと「読める！」という自信が、彼らの中にふつふつと湧き上がってくるのが見て取れます。2人の少女と、代わる代わる『走れメロス』を読んだ時のことですが、1人の子はあとあとになっても、「自分はどこからどこまで読んだ」と、記憶していました。もう勉強が怖いものではなくなっているのです。

◇誰もが明るい15の春を

生活保護世帯の児童の高校進学は1969年から保障されています。ところが、依然として中学校教師の間では、「生活が貧しい世帯の子だから、高校進学は勧められない」と考えている人がいますし、福祉未経験者の多い福祉事務所などでも「中卒で働けば保護の廃止ができる」と、安易に考えている場合が少なくありません。ところが、進学も就職もせずにブラブラしているような子どもを生活保護世帯がいったん抱えてしまうと、予想もしなかった悲劇にぶつかります。つまり、彼らは、高校に就学した時におとらぬ生活費を貧しい家庭から持ち出しますし、彼らが「働けるのに働かない」ということで、一定の指導ののちに生活保護費がけずられ、ますます家計が圧迫されてしまうのです。

従来、ケースワーカーの仕事は、生活保護世帯の世帯主への就労指導と指示が中心になっていて、長期的な眼で貧しさを克服するための援助は欠けていました。そのことが、全国的にブラブラ、無職少年をつくり、生活保護世帯の二世代化、三世代化を生み出してきたのです。私たちは、この事実を真剣に受け止め、各世帯のプライバシーを尊重しつつも、その社会的自立を支える具体的な援助を、早く確立しなければならないと考えています。

2011年1月から「朝日新聞」において「いま子どもたちは」の連載が始まるが、その中で、江戸川中3生勉強会の様子が取り上げられている。東日本大地震が起きる前の3月6日には「境遇似ている先生と、何でも話せる無料勉強会」との見出しで、中学時代に江戸川中3生勉強会に通った生徒が、高校進学から大学進学を経て、江戸川区役所の職員となり、勉強会の講師となって子どもたちと接していることが紹介されている。

２０１２年2月17日付「毎日新聞」では、「15歳の春異変―高校受験の現場から―」「学び直しに「狭き門」」との見出しで、江戸川中3生勉強会を取材し、私のコメントを掲載している。

東京・江戸川の区民施設に毎週火曜日、明かりがともる。貧困や複雑な家庭環境を抱えた中学3年生らが「高校に行きたい」と勉強に来るのだ。「江戸川中3生勉強会」は25年前、区役所で生活保護を担当するケースワーカーが始めた。今では教員志望のボランティアも加わり、毎回2時間、10人ほどの生徒にマンツーマンで指導する。厳しい家庭事情の中で、親の目は届きにくく子供の生活は不規則になり、勉強からの逃避や不登校になる。

勉強会の生徒も、勉強の基礎がまったくない▽通知表はオール1▽朝起きられない―とさまざま。ピアス、マニキュア、金髪など派手な風貌の子もいるが、問題が解けるとかわいい笑顔を見せる。彼等が目指すのは、不登校経験者らに対応するチャレンジスクールや昼夜間定時制の都立高校だ。イメージは「広き門」。だが、今年の志願倍率は2・3〜2・7倍。ここ数年、ほぼ全校が2倍以上を記録。年によっては4倍を超える「難関」だ。「中レベルの高校を狙う子供たちが安全志向で志望を下げているようだ。厳しい戦いです」。勉強会のスタッフで江戸川区職員の若井田崇さんの表情は険しい。朝起きられないという女子生徒は「中卒だと仕事に就けるか不安。定時制で料理を勉強し、将来につなげたい」と屈託がない。出遅れていても、高倍率でも、高校に入って未来を開きたいのだ。

貧困世帯の中には、母子家庭や親が重い病を得ているケースも少なくない。中学生は現状脱却を夢見るが、生活保護受給世帯の進学率からは多くの生徒が「学び直し」のスタートラインにも立てない実態が浮かぶ。05年4月の生活保護基準改定で高校就学費が生業扶助の一つに位置づけられ、子供を高校に進学させやすくなった。だが、保護世帯の高校等進学率（10年度）を見ると、全国平均は87・5％、東京都が89・9％。全体の平均98％を下回る。江戸川の勉強会にかつて参画していた「こども教育宝仙大学」の宮武正明准教授は「中卒では仕事に就けても職場の定着率は低い。結果的に貧困の再生産をもたらす」という。彼らこそ高校進学が人生に重い意味を持つのに、立ちはだかるのは入試の壁だ。…写真の説明は、「江戸川中3生勉強会」で、入試用の作文を練習する女子生徒。普段は明るくおしゃべりが絶えないが、原稿用紙に向かうと真剣な表情に変わった。

2000年代になって「子どもの貧困」二極化・格差社会が進む中で、増加する生活困難家庭の多くは、高校受験に偏差値の少し低めの安全な高校を選ぶようになり、「底辺校」と言われる高校の受験倍率が高まる傾向にある。程度を下げても合格できない場合は定時制高校、通信制高校を選ぶしかない。教育格差が生まれている。記事は、このことを取り上げているのである。

勉強会発足から27年間、家庭環境と本人自身の学力から、早くに高校進学を諦めていたが、この「江戸川中3生勉強会」に出会い、通うことで学力を身につけ高校入試に合格、進学できた中学生は600名を超える。この間、区役所内の人事異動等で、福祉事務所ケースワーカーが担う職員スタッフや、学生ボランティアのスタッフは何度も代替わりしている。そうした中でも27年間活動が続いたことが、現在、全国各地で生活保護世帯等の「中学生勉強会」が開設される原動力になっている。「公務員にはこうした力がある」と、私は胸を張って伝えたい。

またこれらの活動が、それらの家庭のさらなる家庭崩壊を防ぎ、かつてこの地域に見られた、中学校や地域全体の荒廃をいかに防いできたか。そのことにも是非注目していただきたい。

【注】

＊1　水島宏明『母さんが死んだ』ひとなる書房　1990年　を参照のこと。

＊2　「産経新聞」下町版「繁栄の中の忘れもの―荒川区の生活保護問題から―」1989年11月9～18日（9回連載）や、1991年3月12日フジテレビ放映のドキュメント「しかし……―福祉切り捨ての時代に―」（現在は映画監督として有名な、是枝裕和さんのデビュー作）にて取り上げられた。本書第2章2も参照のこと。

＊3　清川彩子『まゆみ―非行少女と女性保護司の記録―』教育史料出版会　1985年

第4章
「子どもの貧困」と教育力・生活力の形成
―「豊かさ」から「子どもの貧困」へ―

「勉強ぎらい」「高校へ行きたくない」という思いは、子どもたちが悲惨な家庭環境の中で、小・中学生の早い時期からあきらめていた結果であり、子どもたちの本音、子どもの最善の利益ではなかったのである。

1　「無職少年」の起こした凶悪事件

１９８９年3月に発見された足立女子高生コンクリート詰め殺人事件は、婦女暴行を繰り返していた少年非行グループが、アルバイト帰りの女子高校生を襲って、１カ月以上も監禁、性的暴行を繰り返し、死亡後ドラム缶にコンクリート詰めにして埋立地に放置した事件である。事件が報道される前日、私の職場を尋ねてきた共同通信の記者は雑誌『教育』を読んでいて、「『教育』に書かれていた通りの地域の荒廃から起きたと思われる凶悪な少年事件が起きた。取材に同行してほしい」と言う。休暇をとって、足立区綾瀬で記者と一緒に取材した。

私は事件の舞台となった地域をめぐって驚いた。同誌の私のレポート「崩れゆく家庭・地域と子どもたち」[*1]で報告した地域とまったく共通していたからである。新興住宅地で、築10年ほどの住宅が多く、住宅ローンを抱えながら懸命に親たちが働いていることがよくわかる。しかし、親たちは地域を振り返る余裕も連帯感もない。地域に点在するマンモス公営住宅においても同様で、地域の中で子どもたちは、「放任された王様」であった。

私のレポートと事件で異なった点は「中卒無職少年」ではなく「高校中退無職少年」であったことだが、事件を追っていけば少年たちは中学時代からの非行グループで、高校は名ばかりの入学、すぐにあるいは1年ほどで不登校となり、退学した少年たちであった。子どもは地域で育っているが、親は子どもが育つ地域に関心を持っていないことがこの事件を招いた。この時の記者の取材内容は各地の地方紙に連載された後、『かげろうの家』[*2]として出版された。

警察庁の統計によれば、1988年の全刑法犯のうち51・8%が少年であり年間7万2000人余りに及ぶが、このうち「無職少年」が1/3を占める。ところが無職少年は同世代の3%にすぎない。

これらの少年事件は、発生環境や状況が特定できるほど共通している。中卒不進学者及び高校中退者で地域でブラブラしている「無職少年」が多い地域で発生しており、いずれの地域も高校進学率が他に比較して著しく低い地域で起きている。[*3]疾病、貧困、地域環境の貧しさの中で家庭が崩壊するとともに、行政の援護が子どもの世代まで考えられていないことから、地域に貧困が蓄積し、子どもたちが将来への希望をなくして荒れていく。それは貧困・崩壊家庭だけでなく、地域での子育て機能が弱い家庭の子どもを巻き込んでいく。

私は事件後すぐに『日本の学童ほいく』[*4]に「今日の『豊かさ』の中で、高校進学していないものがいること、15、16歳の高校就学年齢で高校へ通っていない者がいることは、おかしいことと疑問をもたないまわりの社会がおかしいのである」と書いて、足立殺人事件の舞台が典型的な夫婦共働きの世帯で起きたこと、共働き世帯は職場だけでなく、子どもが育っている地域の様子もよく知っていなければならないことを警告するため寄稿した。なお、少年たちのうち、指示されて暴力を振るった1名が母子の生活保護世帯であった。

1988年の愛知アベック生き埋め殺人事件は、土手を散歩中のアベックが少年非行グループに捕まり、生き埋めにされたもので、この事件について司法研究会の加藤暢夫さんは１９９１年に「非行をした子どもたちと少年司法」[*5]を執筆し、この事件を次のように報告している。

中卒の少年の人生と学校教育の問題です。この事件の共犯者はいずれも、高校進学をしていません。専門学校も中退です。これらの事件の少年に共通することは、非行をした子どもたちの学力が小学校低学年から立ち往生していることです。掛け算ができません。学力の遅れは子どもたちの自尊心を損なわせ、自信をなくさせ、人間不信を呼び、「不純交遊」の中に自分を見出し、シンナーにおぼれ、自己破壊の状態に至ったりします。

１９９１年1月、ＮＨＫドキュメント「希望の高校に行けますか」[*6]は、愛知県の高校進学率が都道府県の中でなぜ全国一低いのかを取り上げた。番組は、戦後自動車産業を中心に発展してきた愛知県では、計画高校進学率を91％に留める施策を続けてきた。中学の成績においていずれかの教科に「1」がつくと生徒の高校進学は認められない。番組は「中学卒業でとりあえず専門学校（1、2年課程）に通わせる」教師の進路指導の苦悩を描いた。

愛知県では、いじめ等様々な少年事件が多発しているが、それは長年にわたった県独自のこうした施策の結果である。今日でも愛知県は、高校進学率が全国45位である（文部科学省「平成25年度　学校基本調査」）。

なお、県の経済力をアップするため良質の労働力を確保しようとした富山県では、長期にわたって高校進学率が全国一となり、同じように県の経済を考えた結果安い労働力を確保しようとした愛知県は長期にわたって全国最下位になっていたことは戦後の教育史において特に注目されるが、残念ながらこのことについての教育研究はされてきていない。

これらの事件の報道によって、これらの少年の多くが飽食時代の優雅な少年ではなく、家庭崩壊など小・中学時代を通して家庭が何重もの生活・家庭問題を抱えた、福祉の分野から手を差し伸べるべき家庭の少年たちであることがわかってきた。１９８９年8月3日付「朝日新聞」社説、「組織暴力に打つ手はないか」によれば「警察庁の面接調査では、暴力団に加入した時の年齢は15歳から19歳までが3割。中学時代の家庭の経済状態は4割が『下』『極貧』と答え、学校生活に適応できず非行集団に入っていった者が多い」と指摘している。

2　生活保護「適正実施」の10年と不正受給事件の真相

１９８０年11月、和歌山県御坊市の生活保護不正受給事件が全国的に報道された。不正受給者は34名。「生活保護は甘い」と当時の週刊誌等がキャンペーンを張った。同年11月、厚生省はそうしてつくられた国民世論を背景に通知「生活保護の適正実施の推進について」を全国の福祉事務所に発し、以後、生活保護の「適正化」が進められた。当時、被保護者は全国で１４５

万人だったが、１９８８年には１１０万人を割る状態が生まれた。

　こうした中で、とりわけ被保護児童数が当時の27万人から18万人へと減少した。これは、子どものいる立場の弱い母子世帯に、保護の「適正化」が集中して行われた結果であった。この間に保護の「適正化」がとりわけ進められた埼玉県では、１９８８年春には全県の高校進学率が１％下がるなど、生活困難な家庭の子どもの進路に大きな影響を生んだ。このような状況の結果、１９８８年1月の「札幌母子餓死」事件にみられるような事件が相次ぎ、また、母親等が子どもを夜に放置して働くなど「夜間ひとり暮らし児童」が増加し、母子心中等の関連事件、事故も増加した。これが、のちに「貧困の連鎖」を生む結果になるのである。

　ところが、保護の「適正化」の原因であった不正受給事件の真相は、厚生省の側からも、福祉運動の側からも長く調査されなかった。事件の真相が活字で明らかになったのは、事件から9年後、１９８９年11月「産経新聞」下町版の連載「繁栄の中の忘れもの―荒川区の生活保護問題から」であった。記者は私の前述のレポート「貧困家庭の子どもたちが、大量に、中卒後学力不振等から高校に進学も就職もできずブラブラした状態を続けて、中卒後2、3年で暴力団に加入した」記述の真相を確かめるため生活保護不正受給事件の経過を現地で取材し、事件から9年目、全国紙で初めて報道した。

同市福祉事務所長の説明によれば『学歴もない、働ける条件のない人が生活保護を受けていたら、行き場がなくなって暴力団にひきこまれたという感じです。貧困からきたものです。』（中略）貧困のため中学にも満足にいけない。学力がないため満足な職につけない。自然と日雇いなど不安定な仕事をせざるを得ない状況に追いこまれる。「就労指導をしようとしても、字が書けない、簡単な計算もできない人を一般企業では雇ってくれませんよ。」と所長は現場の苦悩を語る。

生活困難な家庭に育つ子どもたちが、低学力で生活力にも乏しく、中学卒業後、高校進学も就職もできず、地域でブラブラしていて、同じ状態の子どもたちで非行グループを形成し、チンピラになっていく。こうした状況は御坊市に限ったことではなかった。「豊かさ」といわれた時代に、こうした事実が放置されてきた。

幸いなことに、それまで長く全体の刑法犯の5割を占めていた少年犯罪は、2005年から減少してきている。これは、生活保護世帯の高校就学費支給、学習支援費支給と時期が重なることが注目される。

3　「子どもの意見表明権」と「学歴社会批判論」

「どんなに学力が遅れている子であっても、いや遅れている子どもであるほど、すぐに社会に出るより、高校3年間学んで、遅れを取り戻し成長していくことが、その子どもにとって『最善の利益』である」。しかし、当初はこのことを福祉・教育分野に伝えることすら容易なことではなかった。

私たちの生活保護世帯の子どもの高校就学保障への取り組みに関して、教育と福祉の各分野から当初強い批判が寄せられたのである。１９８９年始め私も参加していた「子どもの権利条約」批准をテーマにした教育研究集会で、研究者の１人からこんな発言があった。

「最近、教育雑誌にケースワーカーらの生活保護世帯等の子どもの高校進学の取り組みが紹介されている。これらの取り組みは、対象とする子どもを激しい受験競争に追いやり、学歴社会に追い込むことにならないか。もっと進路について自由に選択できてよい」

「不登校児を学校へ戻そうとする江戸川の取り組みは、管理教育を助長させる」

この時期「子どもの権利条約」批准の運動が各地で取り組まれていたが、私は、９割総中流の「豊かさ」から取り残された子どもたちの状況を把握し、変えていくものでなければ、その批准は絵に描いた餅になってしまうこと、経済的理由から小学生の早い時期に低学力となり、生活力も不十分なままの子どもたちの「勉強が嫌い」「中学卒業後は就職を希望」という意見表明を理由に、これら底辺の子どもたちを放置していく危険性があることを指摘しつづけた。

　無職少年が増加したこの時期、全国の高校進学率が１９７５年に96％に達した後15年間は、進学率の伸びが停滞していた。１９８０年代は教育界だけでなくマスコミの報道を含めて「学歴社会批判論」で世論はあふれかえっていた。予備校が林立する受験競争への「善意の批判」ではあったが、そんな中でも上流階層の子どもたちは、有名大学に入学するのだから、逆境の中で学ぼうとする者の意欲に水をさし、教育費投資ができない生活困難家庭の子どもたちの「進路選択」を広げるものでなくて、生活階層を固定化し、階層格差を広げるものであった。

　また、不登校児支援の運動の中からも、「子どもの意見表明権」を楯にして、「勉強が嫌い」「高校へ行きたくない」を子どもの意見としてそのまま認めるべきと進路の自由選択を私たちに求めてきたが、この「意見」は子どもたちが悲惨な家庭環境の中で、小・中学生の早い時期からあきらめていた結果であり、今まで述べてきた通り子どもたちの本音、子どもの最善の利益ではなかったのである。したがってこうした批判に対して、私は「貧困を克服する教育」[*7]においで次のように指摘した。


　今日、生活困難家庭の子どもたちは、階層格差の拡大の中で、学力だけでなく、現代を生きぬくための生活力そのものに大きな格差を強いられている。かつて高校全入や高校増設が、市民の教育要求として活発だったことがあるが、高校進学が9割を超え、高校不進学者が下層階級に限られてくると、そうした教育運動も消えてしまった。
また、登校拒否・不登校児の一部に、中流階層が反映していることを捉えて「元気いっぱい登校拒否」と不登校をもてはやす風潮さえある。だが、取り残された子どもたちの問題を解決しないで、再び高校不進学率を拡大させるような結果を招くことにならぬよう十分すぎる注意が必要である。一方で、高校全入や高校義務化を主張しながら、取り残された部分の高校進学率の上昇努力をしないでは教育の機会均等は実現できない。（中略）このようなことでは、今までの市民運動は自分の子どもが高校へ進学できた9割の大人のエゴで終わってしまう。35人学級、40人学級の実現も、高校に100％の子どもたちが進学できるためのものであってほしい。〝豊かな〟社会で、地域を荒廃させない保障は、取り残された一人ひとりの子どもをどう援助していくかである。

かつてあった高校全入や高校増設の教育市民運動は、高校進学率が９割を超え、高校不進学者が生活困難家庭に限られてくると消えていった。残り１割の当事者達は、高校進学の市民運動を起こす力を持っていない。しかも、「学歴社会批判論」が、中卒者等を人間として差別しないという「善意」の中で、「学歴がすべてではない」という主張が中学校の現場では、「この子らを放置したまま何もしないでよい」という主張に変化した。生活困難家庭の高校不進学者は五段階評価の「１」を引き受ける貴重な「階層」にすらなっていたのである。

これらの問題を大学などの講義で学生に伝えると「私の中学時代の同期で中学卒業後就職してがんばっている者がいる」との意見が寄せられることがあるが、私が接してきた多くの中学卒業就職者から「自分はできなかったが、自分の子どもは高校へ進学させる」と強い意思を聞くことが多く、さらに、「自分だけ高校へ行っていない」「教えてくれなかった」と訴えられる場合が多い。

ある時父子の言い争いの連絡を受けて、男の子3人とも中学卒業で社会に出した父子家庭の父親を訪ねた。部屋の襖にスプレーで「こんな父親は死ね」と書かれていた。父親に聞けば、末子が家に来て口論になった。20歳を過ぎた今頃になって、「なぜ親父は高校へ行かせてくれなかったのか」詰問された。「子どもは学力も低く、高校へ行きたいなど一言も言っていなかったのに、今頃になって」と父親は言う。

自分の周りは生活保護世帯を含めてみんな高校へ行っていることに、必ず気づくことになる。そうした時、子どもは親への不信を募らせる。

経済的に困窮の例ではないが、芸能界にて当時中学生ですでに歌手となった松居直美さんに、その師匠から「もうすでに歌手で有名人なのだから高校へ行かなくてよい」とアドバイスされ、彼女は高校へ行かなかった。けれども、自分が結婚し子どもの母親になる時、彼女は気づくのである。そして通信制高校へ通っていることを彼女はテレビ番組にて高校在学中報告し続けた。子どもを育てるために親自身の教育力は必要なのである。

４　「子どもの貧困」就学援助費認定率の意味するもの

１９９０年7月、私は「全国学校事務職員制度研究会」において「生活保護入門」の講師として参加する機会があった。学校事務職員は、長く就学援助費の対象児童が全校児童に占める比率に基づいて職員数が配置されてきた。職員の業務の一つは、経済的に給食費が払えない、修学旅行に行けない子どもの就学援助費の手続きを行う。就学援助費の事務は、生活保護をはじめとする福祉施策の理解が欠かせないものであるため、設置された講座である。

講座の最初に、戦前・戦後に生活苦の中で子どもたちが記録した生活綴り方、戦前・戦後の書籍[*8]などから生活実態の把握方法を学び、現代の子どものおかれた環境を理解して、子どもの生きる力を支えることが必要だと述べた。その上で、就学援助費は生活保護世帯の基準の１・１～１・２倍までの生活困難家庭を対象にするため、その基準となる生活保護費の計算方法を含めて、生活保護制度のしくみを説明し、学校事務職員が学校と保護者の間でしっかりと役割を果たすことの大切さを述べた。

この時点で講座のため調査した１９８９年6月東京23区の公立小・中学校の就学援助費認定児童数は、小学生の15・6％、中学生の18・5％で、区によって高校進学率と同様の地域間格差があり、就学援助費受給率は子育て家庭の貧困率を表していた。この時点の就学援助費認定率の数字の高さに私は驚いたが、その後２０００年代に入って就学援助費認定児童数は倍近くに急増し、2005年の東京23区では小学生の27・4％、中学生の32・2％となって、子どもを育てる世代の二極化による所得格差、所得の地域間格差は著しく拡大している（表4－1）。この数字が2006年1月6日付「朝日新聞」に掲載され、以後「子どもの貧困」がクローズアップされるようになった。

「豊かさ時代」から一転し、「子どもの貧困の時代」へ、この間に変わったものは何か。

1985年、労働者派遣法[*9]が成立し、若い世代に派遣・下請け雇用が広がっていった。2001年には小泉内閣が成立し、新自由主義が施策の中心となり、「規制緩和」の名のもと、労働法による労働者保護やセーフティネットまでもがその対象となっていった。一方で、社会福祉予算も聖域でないとし、毎年2200億円が削減の対象になっていった。生活保護においては老齢加算や母子加算が数年で廃止となり、母子世帯の児童扶養手当も減額されるとともに「5年後には半額にする」法改正が進められた。2004年には「製造業従事者は正規雇用でなければならない」とする規制が一気に「非正規でよしとする」規制緩和に変わっていく。その後、2008年のリーマンショックを経て、非正規雇用の派遣切りとなり、それまでにはなかった稼働年齢世代の生活保護受給者を作り出していった。

小泉内閣の成立直後の2003年に森永卓郎さんは『年収300万円時代を生き抜く経済学』[*10]を出版し、その題名に多くの人は驚いたが、その後はその題名が現実のものになっていく。2004年には山田昌弘さんが『希望格差社会―「負け組」の絶望感が日本を引き裂く―』[*11]を

表4－1　豊かさの底辺／東京23区の就学援助費認定状況

年度	1989年				2005年			
23区名	小学校		中学校		小学校		中学校	
	認定者数（人）	割合（%）	認定者数（人）	割合（%）	認定者数（人）	割合（%）	認定者数（人）	割合（%）
千代田	51	1.2	23	0.9	198	7.0	76	6.9
中央	573	11.8	265	12.0	620	13.9	243	19.6
港	1,070	12.4	517	13.8	1,218	22.1	537	32.3
新宿	1,732	12.3	1,041	14.4	1,709	21.1	818	27.8
文京	849	9.0	525	11.0	969	14.6	435	19.9
台東	837	9.2	543	11.1	1,638	25.8	768	32.5
墨田	2,158	16.6	1,447	20.1	3,207	35.4	1,484	40.2
江東	5,315	20.8	3,254	25.2	5,131	30.8	2,402	36.3
品川	2,940	15.7	1,868	20.4	3,176	27.5	1,366	31.4
目黒	930	8.0	577	17.8	893	10.5	452	16.0
大田	6,496	17.3	3,780	19.3	8,058	28.6	3,402	32.6
世田谷	3,507	9.1	2,567	13.3	3,989	13.4	1,871	19.2
渋谷	989	10.9	587	13.2	1,212	24.0	504	29.3
中野	2,728	18.0	1,364	17.8	2,234	23.4	958	26.9
杉並	2,443	10.0	1,564	12.4	3,791	21.9	1,569	24.5
豊島	1,128	9.8	701	11.9	1,384	20.1	676	26.4
北	2,643	13.5	1,940	17.2	3,451	30.6	1,595	34.8
荒川	2,049	21.2	1,343	27.1	2,294	32.0	1,067	37.4
板橋	5,760	10.2	3,496	21.9	7,815	35.9	3,573	40.3
練馬	6,340	17.5	3,464	17.9	8,572	25.5	3,020	29.0
足立	7,719	19.2	5,594	23.8	10,031	41.3	6,140	44.0
葛飾	5,578	22.2	3,676	27.5	6,282	29.8	3,120	35.7
江戸川	6,685	18.1	4,149	20.5	11,986	32.1	4,889	34.9
合計	70,520	15.6	44,285	18.5	93,458	27.4	41,774	32.2

注：認定基準は世帯の収入が生活保護基準の1.1～1.25の範囲で各自治体で異なる
出典：東京23区の統計資料により筆者作成

表４－２　都道府県別就学援助の対象となっている小学生、中学生の割合（2007年度：％）

都道府県	要保護（生活保護）	準要保護
北海道	3.46	17.64
青　森	1.18	13.25
岩　手	0.68	7.30
宮　城	0.85	7.72
秋　田	0.81	8.64
山　形	0.22	5.44
福　島	0.62	8.12
茨　城	0.43	5.55
栃　木	0.60	4.79
群　馬	0.28	5.57
埼　玉	0.88	9.77
千　葉	0.85	6.09
東　京	1.68	21.54
神奈川	1.54	11.41
新　潟	0.50	15.19
富　山	0.04	6.33
石　川	0.21	10.89
福　井	0.15	6.13
山　梨	0.20	7.69
長　野	0.19	8.65
岐　阜	0.14	5.99
静　岡	0.34	4.11
愛　知	0.48	8.46
三　重	0.57	7.80

都道府県	要保護（生活保護）	準要保護
滋　賀	0.73	9.59
京　都	3.02	14.75
大　阪	3.29	24.67
兵　庫	1.73	14.98
奈　良	1.36	9.17
和歌山	0.83	11.95
鳥　取	0.66	11.32
島　根	0.43	10.22
岡　山	1.09	12.26
広　島	1.47	16.48
山　口	0.98	23.58
徳　島	1.32	12.54
香　川	1.10	9.95
愛　媛	0.79	8.56
高　知	1.91	18.27
福　岡	1.92	17.06
佐　賀	0.47	7.97
長　崎	1.50	12.59
熊　本	0.57	10.12
大　分	0.93	11.45
宮　崎	0.81	9.70
鹿児島	1.38	14.57
沖　縄	1.46	12.84

資料：文部科学省調査　2007年

著し、小泉内閣を支持した多くがそれまで政治に無関心だった若者たちであり、会社という枠の中で生涯を過ごす生き方に対して、働くスタイルの多様性を希望して選んだものと分析した。

そしてあっという間に、子どもを持つ親の非正規化が進み、それまでの母子世帯の貧困から、子どもを持つ世帯の半数近くが年収３００万円以下の貧困の状態になっていった。そのことを最も正直に表したものが、「就学援助費認定率」の増加である。この認定は、生活保護基準の１・１～１・２倍で（自治体により異なる）、家庭の収入を一世帯ずつ計算して認定しており、「もう一つの生活保護率」と言ってよい。こうした非正規でセーフティネットのない雇用の広がりが、もう一つの「貧困の連鎖」が広がっている要因である。

国連調査による「貧困率の国際比較（２０００年代半ば）」によると、日本全体の貧困率は14・９％でＯＥＣＤ諸国30カ国中27番目、子どもの貧困率は13・７％（19番目）、子どもがいる世帯の貧困率は、両親がいる場合で10・５％（22番目）、母子父子世帯の場合で58・７％（30番目）となっている。

こうした貧困の拡大の中で、子どもを大学進学させる経済力がない世帯が増加しており、日本の大学進学率は２０００年代になって60％前後に留まったままである。この間に欧米、韓国、中国都市部の大学進学率が70％を超えたことと比較して、わが国の「子どもの貧困」の深刻さが分かる。文部科学省が毎年大学を増設させているのは、諸外国の大学進学率に近づけるねらいがあるが、家計面で大学進学率が伸び悩み、多くの大学で定員割れが起きているのは、「子どもの貧困」が原因であることは明白である。大学進学者においても、全国の学生の4割が大学支援機構等の奨学金、修学資金を借りるようになり、それを貯めて、さらにアルバイトでやっと授業料の支払いができる深刻な学生が拡大している。

5　母子世帯児童の高校就学と児童扶養手当

「平成23年度全国母子世帯等調査報告」によると、２０１１年の母子世帯数は１２８・３万世帯（推計）で、父子世帯数は22・3万世帯（推計）であった。それを児童数１・５人として推定すると、世帯あたり児童数は、母子世帯で１８５万７１００人、父子世帯児童数は33万４５００人となる。わが国の18歳未満の全児童数が２０００万人と推定されるので、母子及び父子世帯の児童数は２１０万人を超え、全児童数の１割を超えていることが推測できる。さらに、生別母子世帯のうち児童扶養手当を受給している世帯が同年98万世帯であり、児童扶養手当は養育費を合わせた年収が３６５万円以下の世帯であるので、生別母子世帯の約80％が低所得世帯といえる（表４−３参照）。

そうした中で、大半の母子世帯の母親は、子どもを高校卒業させたい、との強い思いを支えにして、仕事、家事、養育に努めている。

表４－３　母子世帯と父子世帯の状況

	母子世帯	父子世帯
1　世帯数	(115.1) 123.8万世帯	(24.1) 22.3万世帯
2　ひとり親世帯になった理由	離婚80.8%（79.7） 死別 7.5%（ 9.7）	離婚74.3%（74.4） 死別16.8%（22.1）
3　就業状況	(84.5) 80.6%	(97.5) 91.3%
うち　正規の職員・従業員	(42.5) 39.4%	(72.2) 67.2%
うち　自営業	(4.0) 2.6%	(16.5) 15.6%
うち　パート・アルバイト等	(43.6) 47.4%	(3.6) 8.0%
4　平均年間収入（世帯の収入）	(213) 291万円	(421) 455万円
5　平均年間就労収入 （母または父の就労収入）	(171) 181万円	(398) 360万円

注１：（　）内の値は、前回（平成18年度）の調査結果を表している。
注２：「平均年間収入」及び「平均年間就労収入」は、平成22年度の１年間の収入。
出典：厚生労働省「平成23年度 全国母子世帯等調査結果の概要」

① 母子の年金・手当が「18歳未満」から「18歳の年度末まで」支給へ

母子世帯の子どもの高校就学について、近年まで次の問題が残されていた。父親死別の遺族基礎年金や離別等の児童扶養手当は子どもが18歳未満までであるため、通常の高校3年生の途中、18歳になる誕生月から対象外になり、誕生月によっては高3の早い時期から支給されなくなる問題があった。そこで千葉県においては、1989年から福祉事務所等現場職員の声を反映させて「母子家庭等高校修学助成金制度」を設けて18歳誕生月から3月の年度末まで県単独の助成金を支給した。

また、1994年9月21日付「東京新聞」の読者欄に次の投稿が掲載された。

> 5月子どもが18歳になったため手当が打ち切られました。まだ高校生でお金がかかるし、私は不況でボーナスをカットされ、子どものほしいものも買ってあげられません。どうやって生活しろというのでしょうか。

このような世論から、1995年4月、国は子どもに関する年金・手当を「18歳未満」から「18歳の年度末まで」に改正し、各自治体は単独での子どもの手当も一斉に改正した。この改正は、高校就学保障の面から大きな意味があるものであった。

②　児童扶養手当受給世帯の実態と高校就学

２００2年、私は東京近郊の都市において児童扶養手当受給世帯アンケート調査を行った。その中で、児童扶養手当を受給している母子世帯の多くが、就労収入と子の父親からの養育費を合わせても生活保護基準ぎりぎりの生活を送っていることがわかった。「子どもは自分で育てる」と意志を決めた離別母子世帯の多くは、離別後2、3カ月の間に、住まい探し・転居・子どもの保育場所探し・転校手続き・職探しをし、生活費に不足する部分を補うため、市町村に児童扶養手当の手続きを行っている。就労先を決めていないと、市町村の窓口で手当の手続きを取りにくい。児童扶養手当は、離別母子世帯の就労を励ますものになっている。

アンケートでは、３７2名の回答者中「中卒で早く働いてほしい」とする1名以外は「子どもを高校に進学させたい」と、少ない生活費をやりくりして学資保険を掛けるなど、高校卒業まで子どもを育てる強い覚悟と努力が明らかになった。調査結果については第6章で述べる。

③　児童扶養手当の改正による5年後半額問題

そうした母子世帯の暮らしの実態の中で、２００2年に改正された「児童扶養手当法」第13条の2は驚くものであった。受給して5年後には手当を半分にするという規定である。離別・手当受給5年後は、多くの場合子どもが中・高校生になり、最も子どもの教育費に経費がかかる、かけなければいけない時期であることは、誰もがわかることである。

２００8年4月、ついに「5年後」になったが、内閣が交代したこともあり、法改正しないまま「就労意志の有無」についで本人申立をとることによって、就労意欲がない者だけを減額の対象とした。大半の児童扶養手当受給世帯は減額にならなかったが、現在も法律に「減額」の文言が残っており、減額対象を増やしていく危険性は残ったままである。

児童扶養手当の減額は、母子世帯において児童養護施設に入所するか、生活保護を受給しないと高校進学できなくなることを意味する。ここからも、高校就学が今日の社会で果たしている役割に、政府や行政がいかに無理解であるかがわかる。

6　生活困難家庭の子どもの教育力、生活力

親が疾病、家庭崩壊、生活苦の問題を抱え、自身が低学力の場合も多い中で、子どもは小学生の早い時期から小さな忘れ物でつまずき、学力でも、生活力でも遅れていく。九九が覚えられなかったり、ＡＢＣが読めない、書けない、分数や正の数、負の数がわからない……よく9年間わからない中で学校へ通ったと感心させられる子どもも少なくない。ところが、ほんの数回の学習の援助で、これらの子どもたちはつまずいている部分を学ぶことができる。学習の遅れの原因は、学習の援助者が身近にいなかっただけである。

人を通した、文化を通した知識・経験が不足するとともに、親の生活苦を目にする中で、進学の夢を捨ててしまう。そうして、いつも自分のことが不安でたまらない状態でいる。

これらの子どもたちには情報源となる大人が周りにいない。生活困難の中では親戚づきあいも、近隣との交流もほとんどない家庭が多く、子どもにとって日常接する大人は、親と担任教師のみ。しかし、低学力で高校進学指導も要さないこれらの子どもたちに声をかける担任教師などほとんどいない。学力不振の子どもたちは放置されている。

ところが、これらの子どもたちに声をかける者がいる。それは中学校のＯＢ等で構成された地域の非行グループであり、暴走族やチンピラだったりすることが多い。彼らは、多くの場合子どもたちの性を授業料に、子どもたちの知らない大人の世界を教示していく。なんとも悲しいことである。

その同じ状況の子どもたちが、ケースワーカーが声をかければ、面白くないはずの勉強会に毎日通ってくる。この勉強会の不思議な魅力とは、「ここに信頼できる、安心して自分の知らない知識を広げてくれる変な大人たちがいる」ということである。勉強会は高いレベルの「勉強」を教えるわけではない。そうしたレベルを期待することは家庭環境による遅れからすでに困難なことである。教育関係の研究者から出された、子どもを受験競争へ追いやる心配は全くない。

自分は勉強ができない、このまま社会に出た時にどうしよう、という子どもの不安が一つずつ消えていった時、子どもの表情はとても明るくなる。短期間で子どもは急速に変わる。勉強会のメンバーの教える喜びは、こうした子ども自身の喜びを発見することにある。

7　求められる教育の機会均等の保障

今日、生活困難家庭の子どもたちは、階層格差の拡大の中で、学力だけでなく、現代を生き抜く生活力そのものに大きな格差を強いられている。

こうした中で、児童養護施設から中学卒業で社会に出て、様々な悲劇に直面していく子どもがあまりにも多いことから、早くから施設の従事者たちは、中学卒業でなく高校卒業で社会へ出そうとの取り組みを続けてきた。親が養育できない等での入所であるため、学力でも生活力でも施設で取り戻していくのは容易ではない。近年、母子生活支援施設などの福祉施設でも、子どもたちの学力の遅れを取りもどすための勉強会を続けているところが多くなっている。

また、同和教育に携わる教師たちは同和地区の子どもたちの、ウタリ協会ではアイヌの子どもたちの高校進学率を、全体の高校進学率まで高めるために努力を積み重ねてきた。交通遺児でつくられている「あしなが学生募金」では、対象を交通遺児から広げて、災害遺児・疾病遺児の子どもにいたる高校進学・大学進学の保障に取り組んでいる。福祉事務所ケースワーカーも、全国各地で生活保護世帯の子どもの高校修学保障に取り組んできた。

戦後の民主主義教育とその運動は、9年間の義務教育とともに、希望する誰にでも後期中等教育（高校教育）を保障することを実現していくことにこそあった。高校全入や高校義務化を主張するのであれば、残された2％の子どもたちが高校に行けるよう、教育の機会均等を達成するように努力をかたむけることこそが必要であり、この取り組みの中でこそ、いじめ、不登校児の問題や高校中退者の問題も解決していくことができる。

東京などの都市部を中心に、1970年代頃から、「わが子が非行に巻き込まれては困る」「低学力の子どもと一緒では困る」という公立中学校離れ、私立中学受験の過熱化が続き、学校自由選択制などが試みられてきたが、これらの問題についても、生活困難家庭の子どもたちに基礎学力・生活能力をつけるための努力を積み重ねることこそが解決の道である。

江戸川中3生勉強会のケースワーカーは、取り組みの中から、「大人を急ぐ15歳、ゆっくり大人へ18歳」との合い言葉をつくっている。18歳までの教育をすべての子どもに機会均等に保障していく社会的責務とともに、①生活能力（生きる力）の獲得、②生活知識（知性）の獲得、③生活技術の獲得、④民主主義社会に必要な社会性の確保、これらをすべての子どもに保障するために、高校教育の場は誰もが享受すべき場であることを訴えたい。

【注】

＊1 宮武正明「崩れゆく家庭・地域と子どもたち」『教育』No.501 国土社 1988年

＊2 横川和夫・保坂渉『かげろうの家―女子高生監禁殺人事件―』共同通信社 1990年

＊3 その年度の愛知県、大阪市、東京都足立区の高校進学率はいずれも91〜92％で全国最下位の数値であった。ただし当時まで江戸川区の高校進学率はその足立区、愛知県をも下回り90％で全国最下位であった。

＊4　宮武正明「高校へ行けない子どもたち―低学力・不登校・非行の克服―」『日本の学童ほいく』№167（1989年7月号）全国学童保育連絡協議会　1989年

＊5　加藤暢夫「非行をした子どもたちと少年司法」『福祉のひろば』第46号　1991年

＊6　1991年1月16日NHK放映、「NHKドキュメント『希望の高校に行けますか』」。

＊7　宮武正明「貧困を克服する教育」『教育』№518　国土社　1990年

＊8　大木顕一郎・清水幸治編豊田正子著『綴方教室』中央公論社　1937年、無着成恭編『山びこ学校』青銅社　1951年、安本末子『にあんちゃん』光文社　1959年等。

＊9　正式名「労働者派遣事業の適正な運営の確保及び派遣労働者の就業条件の整備等に関する法律」（公布当時）。2012年の法改正・改称により「労働者派遣事業の適正な運営の確保及び派遣労働者の保護等に関する法律」となった。

＊10　森永卓郎『年収300万円時代を生き抜く経済学』光文社　2003年

＊11　山田昌弘『希望格差社会―「負け組」の絶望感が日本を引き裂く―』筑摩書房　2004年

第2部

子どもの貧困

―調査と事例研究―

第5章　ひとり暮らし児童の生活事例

「ひとり暮らし児童」とは、夜間8時以降子どものみで過ごすことが1週間のうち、4日以上継続的にある児童をいう（子ども一人で過ごす場合だけでなくきょうだいで過ごす場合も含む）。

1　「ひとり暮らし児童」調査

1980年代後半に、ひとり暮らし児童をめぐる事件が多発したことがある。
・母子世帯の母（事業経営者）と離れてひとり暮らしをし、通学していた小学6年生の子どもが何者かに連れ去られ、利根川に投げこまれた事件（千葉県）
・母子家庭で母が仕事のため別生活状態であった中学1年生（不登校）が、餓死していた事件（大分県）
・父子家庭の父親が仕事（車代行）でいない夜間、小学2年生の子どもが、近所の父子・母子世帯等の中学3年生数人からのいじめ、暴力で死亡した事件（宮崎県）
事件が起きるたびに、「豊かさ」が強調される時代になぜと思わずにはいられなかった。これらの事件に共通しているのは、多くがひとり親世帯でありながら、福祉の網の眼・ネットワークが、子どもたちに行き届いていなかったことである。それだけでなく、地域で子どもを見守る大人が、そしてこの子どもたちの状況を知った大人がいなかったということである。

そうした中で、家庭崩壊など「家庭のない家族の時代」が進み、家庭が脆弱なものになってきている。家庭のない、夜も留守家庭に近い子どもはそうした状況の中でどのように生活しているのだろうか。これについて、全国社会福祉協議会・ひとり暮らし児童問題研究会が、「近年の児童問題の発生過程を見てみると、子どもの養育環境が急速に変化してきている実態を反映して、子どもの成長、発達にさまざまな影響を及ぼしていることが読み取れる。こうした状況をふまえて、両親またはひとり親の夜間就労が増えている中で子どもが夜間に子どものみで過ごす生活実態を把握し、今後の対応策について研究を進め、広く問題提起をしたい」というねらいから、1988年から1990年にかけて調査し、同年10月にまとめた。

調査では「ひとり暮らし児童」を「夜間8時以降子どものみで過ごすことが1週間のうち、4日以上継続的にある児童を言う」ことと定義した。夜間5時以降8時まで1人の状態で在宅する児童については定義からはずれるが、この調査では区別して調査対象とした。

調査は、首都圏のある町において、町の全民生児童委員を対象に「ひとり親家庭」の「ひとり暮らし児童」がどの程度存在しているかを調査した。また、町の小・中学校の全教員を対象に、担当クラスの児童のうち「ひとり暮らし児童」がどの程度存在しているかを調査した。

民生児童委員からの調査では、祖父母などの同居者の有無や職業など調査対象によってその生活実態は少しずつ異なるが午後6時以降に親が帰宅する家庭が1／3を占め、12歳以下の子どものみの家庭では1・3％が深夜12時を回っても帰宅できないことがわかった。

また、小・中学校教師からの調査では、ひとり暮らし児童の場合、他の児童に比べ、生活が不規則、食事抜き、不勉強による学力不振などがみられ、中学生になると遅刻、無断欠席、不適応、外泊、万引きなどの深刻な問題行動に発展している場合もみられた。

なお、この調査で、ひとり暮らし児童の出現率は4％、うち、ひとり親家庭が2％、両親家庭が2％であった。ここで、事例研究について私が担当した部分を紹介する。

事例5-1　母の再婚で放置された15歳の少女

中学3年生A子は、アパートにて母（スナック勤め）との二人暮らし。県立高校を受験し合格したが、母の再婚が重なり、母は「高校へ行かなくても、中学校を卒業したら一人で働いて食べていける」とA子をアパートに残して、男のもとに行ってしまった。A子が母からのお金を使い果たしたところで、児童相談所に民生委員が通報。児童相談所・福祉事務所ケースワーカーの対応になった。「仕事を見つけて自活していくことを援助する」意見が多く聞かれたが、15歳就職の危険性（結果として、水商売にA子を追いやるなど）から、ひとり暮らしの状態を放置しない方法をとることになった。

A子の父方の祖母は、老人ホームに入所して、老後を暮らしている78歳。ケースワーカーがこの祖母にA子の生活について訴えたことにより、祖母が老人ホームを出て、A子と祖母の二人暮らしが始まった。生活費は、祖母の年金で足りない部分は生活保護によることで、保護が決められた。A子は、その年は高校には進めなかったが、話し合いの結果、翌年4月から定時制高校に進学して頑張り直すことになった。「1年遅れたので、どうしても昼間の高校には行きたくない」との意志で、独力で勉強もして、次の年の春、定時制高校に入学。日中、パート・アルバイトで働きながら、高校修学を続けている。

祖母の話では、最近A子は小学校の先生と将来を約束してつき合っているとのこと。

離婚・離別の時に子育ての予定を聞くと、多くの親が「中学卒業まで私がみます」と回答する。しかし、今日の社会は高校修学をしないで社会に出た時、様々なハンディを受けた上で、それに負けない判断をすることは容易ではない。親の「意思」だけでは、子どもは育たない。もし、福祉のケースワーカーが「高校へ行く」環境づくりをしなかったらA子の運命は全く違ったものになっていた。福祉従事者が直接子どもの進路を切り開くことが重要なのである。

事例5-2 母が1カ月の入院、その間に子どもが変身

中学2年生B男と母の二人暮らし（父死別）、他に家を出た16歳・無職の兄がいる。生活保護世帯。自家は父が残した12坪の建売り住宅。

母が子宮筋腫で1カ月の入院となり、その間、子どもの生活費は一週間ごとに病院で渡していた。2週間は病院にきていたB男も、その後病院に来なかった。その後母は退院して家に帰って驚いた。家の中は、地域の非行グループのたまり場になっていたのである。

B男の兄は中卒後、定職に付けず、ブラブラしていて非行グループに入っていたが、母

の入院とともに、母宅をグループのたまり場にしてしまった。それまで精神的にも幼稚と思われていたB男にとって、非行グループとの接触は突然やってきた、新鮮な未知の世界であった。まず、言葉と髪型を変え、髪を染め、シンナーを吸った。非行グループの不純異性交遊を見て、自分も性体験した。あっという間の1カ月であったとB男は後に言う。

母は、どうしたらよいか分からず、福祉事務所のケースワーカーに相談した。その日から、グループのたまり場はB男宅ではなくなったが、B男もその兄も家には戻ってこなくなった。母は非行グループのメンバーの家を毎夜捜しまわる日課となった。「中卒の兄の場合は仕方がないが、まだ中学2年の弟については自身の責任」と母は言う。

その後、B男は何度も事件を起こして補導され、教護院（現：児童自立支援施設）に送致された。


この場合、母が入院時、殆ど家に寄り付かない兄について、簡単に考えすぎていたと思われる。15歳を過ぎ、義務教育を終えれば「よし」と言うわけにはいかない。兄について不十分な養育が、弟を非行に走らせる結果を生んだともいえる。

事例5-3 家庭のない家族の子ども

両親は別居、母はスナックに勤め、父はトラック運転手、子どもは長男小学6年生、長女小学4年生、次女小学1年生、次男4歳の4人。アパート住まいで家賃は8万円。

母が家に数日帰っていないと、近隣から母子福祉課に通報が入り、母子相談員[*1]が家を訪ねる。子どもたちから事情を聞き、「よくあること。4歳の子をみるため上3人ともほとんど小学校に通っていない。生活費は長男が母からもらって既製品を買ってきて食べている。母は帰ってこないことが多く、生活・食事は子どもだけでしている。父とは現在交流がない」といったことがわかった。

取り急ぎ民生委員に協力を求め、数日、民生委員及び母子相談員がおにぎり等を届ける。その後、母が帰宅したため、母と母子相談員、児童福祉司で話し合う。母は子どもを手放す気はなく、「今後は毎日家に帰って保護者としての責任を果たすこと」を約束、当面生活費等の問題はないため行政の手から離れた。

1980年代の生活保護の引締めは、母子世帯をターゲットにしたため、母が夜間働く事例が増えた。母が水商売で働き、子どもが夜放置されたままで「経済的に自立している」ことになるのであろうか。この事例の場合、4歳児の保育所措置及び上3人の子の登校ができる状態をつくらなければ、親に「今後努力します」と言わせても問題の解決にはならない。いくつかの自治体で「福祉総合相談室」が作られているが、そうした解決こそが求められている。なお、２０００年代になって各自治体に「子ども家庭支援センター」がつくられていく。児童虐待が増加し、児童相談所だけでは手に負えなくなったからである。

事例５-４　アルコール依存症の父と家族の結末

アルコール依存症で働けない父、パート就労の母、子どもは長女高校2年生、長男高校1年生、次女中学2年生、次男小学6年生の４人。生活保護を受給し、都営住宅に住む。

父はある時脳溢血を起こし、1年に及ぶ入院生活の後、左半身不随で寝たきりのまま退院。母は、まめに働く人で、子どもたちの高校修学を目標にしっかりと育てていた。

「母が家出して、半身不随の父に困っている」と長女から連絡が入ったのは、母が家出した4日後であった。勤務先の男の人と一緒で、もう家に帰らないと言う。困ったのは、半身不随の父についてである。そこで、再び元の病院に入院させることとなった。子どもたちは、すでにしっかりしており、生活保護を受けながら児童のみの世帯としてそのままの生活を続けて行くことになった。しかし後日、家を見たケースワーカーから、「部屋がゴミの山になっており放置できない」とのことで、長女を呼んで話し合うが、「わが家の勝手」と忠告に耳を傾けない。長女は、自分たちを捨てた母について激しく恨んでいた。
その後、いずれの子どもたちも高校卒業と同時に家を離れ、本世帯は「解体」した。

この場合、そもそもは父親に主たる原因がある。長い介護生活に、母親が耐えられなかったのも無理はない。けれども幸いなことに、この世帯の子どもたちは高校を卒業したことで、親の生き方を自らの教訓とし自分なりの生き方を見つけるものと思われる。

事例5-5　視力障害の父親を介護していた2人の姉妹

父子世帯、父は視力障害1級（全盲）、子どもは長女中学3年生と、次女中学2年生、他に17歳で仕事は不安定の長男がいる。

姉妹は父の疾病治療のため、小学生時代から、週に一度は学校を休んで通院に付き添っていた。そのため、学校の成績は遅れがちになったが、普通の中学生活を送っていた。兄は高校に進学せず就職したが定着せず、暴走族グループに属して非行を繰り返していった。兄が進学していないことから、姉妹もともに中卒就職を選んだ。福祉事務所で生活保護担当のケースワーカーも「高校進学がすべてでない」と、あえて高校進学を勧めなかった。

この家庭の崩壊は、長女が中卒後、喫茶店のウェイトレスから、より収入のよいスナックに仕事を変えたところから始まった。まだ幼い15、16歳である。転落の道は早かった。それだけでなく、年子の次女も同じ道を歩んだ。父は、2年のうちに自分の通院の足を失ってしまった。父は、子どもを頼りにするが故に、子どもの進路にも口をはさまなかった。父に振り向く子どもは、もうこの家庭にいない。もし、姉妹が高校進学の道を選択していたら、この家庭はバラバラにならなかったのではないか。

ひとり暮らし児童ではないが、事実上ひとり暮らしに近い家庭での教訓がこの事例にある。高校就学者の場合、卒業後、子どもが親の面倒をみる例が多い。そのため、生活保護世帯が「自立」できる場合が多いのである。ところが、中学卒業のままでは、子どもが人員減になるだけで、世帯の貧困状態は解決しないのである。恵まれない家庭が、中学卒業の翌日から「崩壊」してしまう実例はこの事例だけではない。

事例5-6　母（精神科病院入院）がいなくても生活できる条件づくり

夫死別による母子世帯。母は統合失調症、子どもは長男中学1年生、長女小学6年生。自家（亡夫の兄名義）に住む。母は精神科病院に入院し、児童のみの世帯へ。

長男は中1の二学期から不登校、体は小さく栄養に欠けて育ったことがわかる。社会的・

人格的に幼く、後に養護学校高等部に進学させた。

長女は中学入学後、不登校に。養護学校担任、中学担任、民生委員、福祉事務所児童・生活保護担当ケースワーカーで関係者会議を開き、居宅のままで支えていけるのかを検討。学校からは施設入所をさせてほしいと要望があった。その後、民生委員とケースワーカーが長女の勉強にかかわり、また食事の準備も教えるなどして、母親がいなくても生活できる条件づくりが行われた。

母子世帯で母親が精神疾患である場合も多い。この場合、子どもの養育のために現状維持をめざす場合が多く、母自身の疾病治療はおろそかになり、治療の時期を逃すなど問題も多い。親の精神的な不安定さは、そのまま子どもに伝わり、子どもの生活能力に大きな影響を及ぼす。母親の入院で施設入所となると、母親自身の抵抗も強く、可能ならば、在宅のまま子どもの生活環境を変えないことが望まれるが、そのためには、この事例のような民生委員とケースワーカーによるネットワークが取れなければ困難となる。子どもにかかわっていく手掛かりが、「子どもと一緒に勉強することだった」ことは、貴重な教訓である。

2　調査結果による子どもの居場所づくり

子どもたちの世界に入っていくことは難しい。今日の社会で、子どもたちと日々接している大人は、教師等を除けばスポーツ少年団やボーイスカウト関係者など、数にすれば、ほんの若干といったものではなかろうか。

子どもは居場所を求めているのに、居場所づくりはほとんどされていない（塾や習い事が放課後の唯一の居場所なら、大人は塾を責めることはできないのではなかろうか）。

生活保護世帯やひとり親世帯の子どもたちの多くは、家庭崩壊などを見ながら、自分の将来に夢をもてなくなる。そして、この子どもたちの情報源は極端に少なく、学力だけでなく、生活力そのものにも大きなハンディがついて育つ。しかも最近、夜間型の就労が親側にも増えてきており、子どもとの会話の時間も取れないでいる。このような子どもたちの居場所と行き場はどこにあるのだろうか。

今日、生活保護世帯やひとり親世帯などの子どもたちが高校進学を諦めたその日から思いもよらない家庭の悲劇に直面している。「無職少年」となる者だけでなく、中卒就職者の多くも短期間で仕事をやめ転々とする中で、家計への圧迫は家庭をさらに「崩壊」に押し進めていく。その結果、大量の「無職少年」が滞留した地域は、暴走族などの非行グループの温床となる一方、早すぎる性体験・妊娠で若年の母子世帯となるなど、貧困の二世代化、貧困の再生産がなされていく。

既に紹介した「中３生勉強会」は、「これらの進路選択をする子どもたちが、本当に勉強ぎらいで、本当に早く社会に出たいと思っているのだろうか」というケースワーカーの疑問から始まっている。

「ひとり暮らし児童」の調査結果は、2002年11月、当時の厚生大臣に意見具申として報告された。この結果、国は児童相談所において、いじめ、不登校の児童宅に学生ボランティアが友愛訪問する「メンタルフレンド」事業を予算化するとともに、地域の保育所、児童養護施設等が保育所や学童保育終了後、なお親の帰宅が遅い場合の子どもの居場所となるよう「トワイライトステイ」事業を予算化し、ひとり暮らし児童への対策が実施できるようになった。現在では、ほぼ各市区町村ごとに事業が実施されている。[*2]

【注】

＊1　現：母子自立支援員。都道府県知事、市長、福祉事務所から委嘱される非専門員（原則非常勤）。母子世帯の母親等の相談に応じ、その自立に必要な情報提供や指導、職業能力の向上及び求職活動に関する支援を行う。

＊2　トワイライトステイ事業の例：東京都中野区「保護者が夜間に仕事、病気などでご家族でお子さんの保育ができないとき、午後5時～午後10時の間お預かりします。対象年齢3歳～小学校6年生　利用金額一日2000円（保育園・学童クラブへのお迎えサービスは一回500円）月5回まで　ステイ先は区内の母子生活支援施設」

第6章 母と子の暮らしと児童扶養手当

児童扶養手当申請者は多くの場合、死別・離別後、子どもとの生活を整えてから、就労先を探し、どうしてもその収入では生活費に不足することがわかったとき、各々の判断で申請している。

児童扶養手当受給者のアンケート調査

２００２年秋、児童扶養手当法等改正をめぐる国会における厚生労働委員会審議の中で「北風と太陽」を題材とし、議論がなされている。「離別母子の母に早く就労してもらい、5年後には児童扶養手当をあてにしないよう正社員並の収入を確保してもらう。そのためには、北風を吹きつけて、期限をつけて就労を促すことが本人のためになる」と。

しかしながら、２００２年に私が中都市において実施した児童扶養手当受給者のアンケート調査からはすでに、「離別後、それまで専業主婦だった人も含めて、大半の母親が短期間のうちに子どもを預けるなどして就労し、家事、子育てと就労を両立させている」実態が明らかとなった。以下、アンケート調査の結果（母親の回答数：３７２名）を報告したい。

1　死別・離別から児童扶養手当申請まで

死別・離別から児童扶養手当申請まで

死別・離別後の母自身の行動アンケート調査では、表6－1の通り死別・離別から児童扶養手当の申請までの期間が2カ月以内が60％、6カ月以内の場合は80％を超えているが、この短期間に母親は離婚後母と子の生活条件を整えるために多くの場合、共通して次のような行動をとっている。

表6－1　死別・離別から児童扶養手当申請までの期間

	当月	翌月	3カ月	4～6カ月	7～11カ月	1年	2～4年	5年以上	計
世帯数	71	85	44	60	14	22	17	5	318
割合（%）	22.3	26.7	13.8	18.9	4.4	6.9	5.3	1.6	100.0

表6－2　子をどこに預けて働いたか、働いているか

		保育所	学童クラブ	祖父母	勤務先	在宅	計
死別・離別時	世帯数	60	25	28	6	168	287
	割合（%）	20.9	8.7	9.8	2.1	58.5	100.0
死別・離別後	世帯数	158	60	62	2	0	287
	割合（%）	55.1	20.9	21.6	0.7	0.0	100.0
現在	世帯数	102	65	45	2	1	219
	割合（%）	46.6	29.7	20.5	0.9	0.6	100.0

注：不明・無回答（死別・離別時：2世帯、死別・離別後：5世帯、現在：4世帯）は含まれていない。

表6－3　どこで仕事を探したか

	ハローワーク	県市広報	新聞	チラシ	親戚	知人	計
件数	44	5	19	128	11	81	292
割合（%）	15.1	1.7	6.5	43.8	3.8	27.7	100.0

注：不明・無回答（4世帯）は含まれていない。

①「死別・離別にともなう住まいの確保」のための資金を確保する。元夫の暴力や嫌がらせから遠ざかるための場合も少なくない。

②転居等による子どもの転校等の諸手続き、及び、そのために子どもに離別の理由と環境の変化を理解させておく。

③小学校低学年までの子どもの保育所入所や学童クラブ入所等、母親の就労の決断と子どもの預け先を確保する。

④就労先、あるいは条件の変化にともなう転職先を確保する。

⑤元夫に子どもの養育費の支払いを約束させ実行させる。協議が成り立たない場合、家庭裁判所での調停や係争の手続きが必要な場合が少なくない。さらには、元夫の負の遺産・借金の支払いや元夫からの嫌がらせが続いている所帯が少なくない。

母子となって生活を立て直す時、母親は一人でこれだけ様々なことを短期間に解決しなければならない。多くの場合、子どもとの生活を整えてから、就労先を探し、どうしてもその収入では生活費が不足することがわかったとき、各々の判断で児童扶養手当を申請していることが、アンケートの回答から判明した。

住まいの確保

死別・離別後、とりわけ離別後に急を要するのが住まいの確保である。アンケート結果から、以下のような事例が挙げられる。
・お金と住むところがなく、職場の人に相談したところ、住む所を紹介してくれた
・アパートが私本人の名では借りられなかった。親に相談し、親の知人の息子さんに契約者となってもらい、ようやく借りられた
・アパートの更新料を支払えなかった。不動産屋に事情を言って待ってもらった。その間に公団住宅空家に入居が決まり、更新料は支払わないままになった
・引っ越し費用がなく、親にお金を借りた
・母子世帯、無職だということで不動産屋に断られた。親の知人の伝《つて》で現在のアパートを借りた
・安いアパートを探したが見つからず困った。敷金等を親に借りて働いて返した
・転居に思いがけない費用がかかり、友人に借りて手当が出てから返した
離別時、母子世帯としての再出発は、安全に暮らせる住まいの確保が最初の課題になる。そのための転宅資金の確保は急を要するため、親や友人から一時的に借金している場合が多いことがわかった。これについては母子寡婦福祉資金貸付制度が利用できるが、利用したい人にもっと早く伝えられる必要がある。また、母子世帯を理由に民間アパートが入居を断ることが実際に少なくない。子どもの泣き声等の理由で断っている低家賃民間アパートの事情もあり、母子世帯向け公営住宅が各自治体で一定戸数確保されていることが望まれる。また、母子への元夫

の暴力や嫌がらせ等から逃れなければならない場合など、緊急性のある場合の母子生活支援施設でのショートステイやシェルターなども、各自治体で確保されていることが必要である。

子どもの環境の変化

離婚のトラブルに子どもを巻き込む。その上に転居し、子どもの環境を一変させる。子どもの精神面での影響はないだろうか。アンケートではそうした母親の子どもにすまないという思いが込められている記述が多く見られた。

・子どもを抱え、どうしたらよいかわからなかった。知人、市役所に相談した
・転校、転園で子どもは新しい学校、園で友達ができるだろうか。学校の先生、保育園の先生に相談した
・離婚のトラブルに子どもを巻き込んでしまった。子どもに隠さず、たくさん話し合って解決するようにした
・子どもが母子家庭になったことでいじめられた。その後、転校先ではすぐに友達ができて大丈夫だった

父母の争いを見て育った子ども達は、父母の争いがなくなりホッとしている場合も少なくない。そこへ、母自身が解決できない生活問題を抱えて精神的に不安定になったり、感情を子どもにぶつけたりすることがないよう注意しなければならない。子ども自身は、納得できれば、

新しい環境に積極的に適応していける。

母親のどのように子育てしたらよいかなどの悩みについて、「どこに、誰に相談しますか」という問いでは、友人、両親、きょうだい、職場の同僚、市役所との回答が多かった。はたして「母子自立支援員」は、それらの悩みに応えてサポートしていけるのだろうか。

就労中の子の保育

同居の祖父母がいて祖父母に依頼できる場合を除き、小学校低学年までの子どもを持つ母親が、就労以前にしておかなければならないこととして、就労等の間の預け先、つまり保育所や学童クラブ入所の確保が挙げられる。就労できるかどうかは、預けられるかどうかで左右され、就労開始日は預けられる日によって決まる。ただし保育所や学童クラブは４月１日でなければ空きがない場合が多いので、一時的には友人や祖父母、認可外保育施設に預けて働き、４月１日の空きを待つ場合もやむを得ない（ただし、各町村とも４月の保育所・学童クラブ入所者決定は、12月に行っている）。

「子どもをどこに預けて働いたか、働いているか」についての回答を「死別・離別時の子の保育先」「現在」について比較すると、表６－２の通りであった。

「死別・離別時」には在宅であった１６８世帯のうち１３３世帯の母親は、その後、子どもを保育所、学童クラブに入所させ、母親の働く環境を整わせて就労している。「死別・離別後」

より「現在」に至るまでに保育所が減り、学童クラブが増加しているのは、時間の経過によるものである。これらの結果から、母子世帯となった母親の就労を促進する自立支援の政策にとって、地域に認可保育所や学童クラブが整っていることが必要であることがわかる。

・借金だらけ、3人とも乳児、仕事はなかった。姉宅に居候し保育所に入所させてから仕事を探した

・保育所が決まるまで、認可外の保育施設に預けたので出費が多かった

・近くに保育所がなかった

・入所できた保育所が遠く車で30分程かかるため、妹に送迎を頼んでいる。近くにも保育所があるので変わりたい

・保育所に入れず4月まで待った

上記のように就労のため空きのあった保育所に入ったが、家から遠くて、もっと近くにある保育所に入れてほしいという意見が複数あった。従前、保育所が入所措置されていた時代には複数の保育所合同の入所判定会議が行われ、希望を無視してでも子どもと母親に便利な条件の保育所が考慮されていたことから言えば、自分で問い合わせて空きのある保育所を選ぶという「契約方式」はこうした問題を抱えやすい。

職業紹介、求職活動

「北風」が吹かなくても死別・離別後就労しなかったのは回答者３７２名中わずか23名にすぎなかった。「一人で働いて子育てをする」という決意がこの数字から読みとれる。大半の母親が転居に始まり、子どもの転校や保育所探し、そして求職活動を短期間のうちに決断し実行している。中でも就労先の確保は、一人で子育てする上で最も重要なことである。それでは、どこでどのように仕事を探し、決めているのだろうか。アンケート調査の回答は表６－３の通りであった。

チラシ（広告）の情報が多いのは、地域限定の情報が多いためすぐに求人先を訪ねていけ、その場で決められることが多いからである。知人は、友人のほか保育所で知り合った仲間の場合も多く、情報が交換できる場が重要なことがわかる。反対に、ハローワークの利用率は多くなかった。

また回答からは、児童扶養手当の申請は多くの場合、母親が就労先を決めてから行っていることがわかった。市役所を訪れるには勇気やタイミングが必要であり、就労先が決まっていると市役所を訪ねやすいからである。行政窓口はそうした母親の心理を理解するものであってほしい。

養育費の協議等

子の父親からの養育費は、離別後の子の養育を母親に委ねた場合の父親の扶養義務者として当然の責務であるが、アンケートからは、離別に際して「一番苦しかったこと」の問いに「養育費を含む離婚協議だった」との回答が18名に及び、そのうちの大半は家庭裁判所に離婚調停を依頼していた。

・自営業の会社役員だったが、家裁調停で役員を辞退し、その家を出た
・離婚の話し合いができる状態ではなく、家裁調停に持ち込んだ
・慰謝料、養育費について裁判を起こしたが、調停不成立になった
・離婚前2年間の別居生活は大変だった。弁護士に依頼して裁判で和解、離婚できた
・別居中の夫から嫌がらせが続き、家裁調停では解決せず地裁に提訴した
・養育費が支払われず、家裁に相談するが解決にはならなかった
・離婚後生活に困り、家裁に行き養育費を決めてもらった

2002年改正の「母子及び寡婦福祉法」において「当該児童についての扶養義務を履行するように努めなければならない」「当該児童を監護しない親の当該児童についての扶養義務の履行を確保するために広報その他適切な措置を講ずるように努めなければならない」（第5条）と新たに条文が追加されたが、特徴的なことは、努力義務を受け取る側の母親に求めていることである。大半の母子世帯の母にとって元の夫に直接交渉することは大変な心理的負担とな

る。仲介する第三者がいない場合は、権利擁護センターの活用も今後の方策として考えられる。

離別時の離婚協議及び離婚調停と裁判を続け、時間も労力も必要とし、精神的負担も大きい中で、母親の多くはもとの夫に父親の義務を履行させるための努力を行っていることがアンケートの回答からわかる。さらに、離別後の母親が抱える問題はそれだけではない。

・私と子への暴力が続き、警察、弁護士に依頼してようやく離婚できた
・離婚後も元夫が子どもを連れに来るため外出できず、ストレス性難聴になった
・前夫が私名義で借金していたため、前夫に直談判し、半年後に返済させた
・自分が保証人になっていた前夫の借金を返済しなければならず、必死に働くしかない
・別居期間中、お金がなく仕事もできず、サラ金にお金を借り解決ができていない
・家のローンの返済が残っており、銀行に説明して家を渡し、実家に戻った

離婚に至る理由の一つに元夫の暴力や金銭問題、サラ金等でつくった借金の問題がある。元夫の暴力や嫌がらせが離婚後も続く場合や、ただでさえ苦しい生活費の上に、元夫のつくった借金返済をせざるを得ない場合が少なくないことがアンケートからわかる。

当面の生活問題、住宅問題や子育て相談、就労相談に、指示をするのではなく助言ができる母子世帯の支援スタッフが市町村に常時配置されている体制が望まれる。

母親の立場からすれば通常、児童扶養手当の申請と同時に様々な情報を知りたいし、わからないことを相談したいのである。そうした点で、母子福祉に関する一般的な情報は手当申請の

受付者がきちんと説明することが望まれる。そのために市町村は、手当申請の受付者に社会福祉に関する一定の知識を有する者を配置すべきである。そして、個別の問題解決を要すると判断される場合は、その場で福祉事務所の母子自立支援員に引き継ぐ体制を整える。なお、母子自立支援員は母子世帯支援のケアマネージャーとして位置づけられるべきであり、位置づけられることによって仕事の内容がより明確になる。

2 死別・離別後の就労問題とこれからの自立支援

死別・離別の際の母親の「一人で働いて子育てをする」という決意についてはすでに述べたが、さらにこれら母子世帯の大半は、死別・離別直後からいずれも生活に困窮し、就労を急がなければならない事情がある。

就労状況の変化

表6－4は、母親の就労状況の変化を「死別・離別時」「死別・離別後」「現在」で比較したものである。死別・離別後の新規就労、転職就労は2カ月以内が7割を占め短期間に就労しているのがわかる。なお、「現在」の就労者は331名、89・0%であったが、1998年の全国母子世帯等調査では、全国平均が84・9%であったことから、当該調査地域は全国平均より

表6－4　母親の就労状況

		正規	パート	派遣	嘱託・契約	在宅・他	計
死別・離別時	世帯数	64	86	4	7	2	163
	割合（%）	39.3	52.8	2.5	4.3	1.2	100.0
死別・離別後	世帯数	135	177	12	14	11	349
	割合（%）	38.7	50.7	3.4	4.0	3.2	100.0
現在	世帯数	127	167	11	15	13	331
	割合（%）	38.4	50.5	3.3	4.5	3.9	100.0

注1：結果は、調査対象372世帯に対して行った縦断調査によるものである。
　2：割合は、372世帯中、就労していると答えた世帯数（表中「計」で示した数）に対するものである。

表6－5　母親の就労内容

		保険金融	事務営業	製造搬送	販売店員	看護医療	福祉	その他	計
死別・離別時	世帯数	8	42	21	33	12	8	14	138
	割合（%）	5.8	30.4	15.2	23.9	8.7	5.8	10.1	100.0
死別・離別後	世帯数	23	77	58	54	23	13	36	284
	割合（%）	8.1	27.1	20.4	19.0	8.1	4.6	12.7	100.0
現在	世帯数	9	73	47	51	27	17	35	259
	割合（%）	3.5	28.2	18.1	19.7	10.4	6.6	13.5	100.0

注1：職種の分類については厚生労働省・労働研究機構の産業分類を参考にしたが、「事務および営業事務（＝事務営業）」については保険金融を除いて産業別にしないでまとめて集計した。「その他サービス業（＝その他）」については「看護医療関連職種」「福祉関連職種」を分離して集計した。
注2：「保険金融」生命保険外交員のほか、金融機関事務パート、不動産勤務を含む。「事務営業」保険金融を除いて事務及び営業事務の記入があったもの。「製造搬送」部品加工、食材加工袋詰め、納品、搬送及び運転手で勤務するもの。「販売店員」卸売業スーパー・コンビニを含む小売業、飲食店に勤務するもの。「看護医療」看護師、準看護師、歯科衛生士、医療事務、病院ヘルパーを含める。「福祉」保育士、高齢者介護施設のケアワーカー、その他の職員、ホームヘルパー等。「その他」美容理髪店クリーニング店、新聞販売店、その他サービス業等（公務員1名も含む）。

就労機会は多いといえる。死別・離別後より現在の就労者が18名減少しているのは、健康を害した（9名）、生活に疲れた（4名）、その他、子どもの病気などの理由によるものであった。

・自分がうつ病になり、仕事が続けられなくなった。市福祉課に相談し生活保護を受給した

・死別後誰にも相談せず強がっていた。2年後体調を崩して、4～5年その状態が続き、現在は無理しないよう少しずつ就労している

就労内容の変化

児童扶養手当を受けている母子世帯の母親がどのような仕事を選び、就労しているかは表6－5の通りであった。

第一の特徴として、保険金融職種は、死別・離別後23名に増えたが、現在は9名に減少していることが挙げられる。その大半は生命保険外交員である。外交員は正規職員として最初の研修期間は給与が保障されるために働きやすいが、その多くが実績を上げられないため、1年前後でリタイアしている。プロとして残るのは容易でないことがわかるが、再就職の際、最初に正規就労の機会を与えてくれるものとして、女性の労働機会に大きな役割を果たしているといえる。

第二の特徴として、看護・医療・福祉職種に就く人が死別・離別時の20名から、死別・離別後36名、現在44名と増加していることである。その理由の一つに近年、特別養護老人ホームの

開設や２０００年４月から始まった介護保険制度の影響もあって、この分野での雇用機会が増加したことが挙げられる。もう一つは、将来のために専門職の資格をとり、併せて安定した収入を確保したいという思いが挙げられる。

・17年間働いた職場を高齢を理由に解雇された。ハローワークで失業保険を受給し、その間にヘルパー資格をとった

・パート勤務を続けながら正看護師になるため看護学校に入学した。３年間、勉強と家事、仕事に頑張る

就労収入月額

アンケート回答者のうち「現在」の就労者は３３１名、収入月額の記入があった者は２９７名であった（調査対象の母親は、２００１年の収入が年収３００万円以下の者に限定）。

厚生労働省『労働経済白書』では「毎月勤労統計調査」から事業所規模５人以上の「現金給与総額」を集計しているが、２０００年におけるその金額は、一般労働者が35万５４７４円、パートタイム労働者が9万５２２６円となっている。パートタイム労働者については、サラリーマンの妻の税法上配偶者控除が受けられる範囲で働く、いわゆる１０３万円の壁や社会保険の被扶養者の範囲の１３０万円の壁を反映した数字になっていた。

それと比較して、アンケート調査の母親は、パートタイム就労であっても社会保険加入の職

表6－6　現在の就労の収入月額（世帯別）

		4万円未満	4万円以上 8万円未満	8万円以上 12万円未満	12万円以上 16万円未満	16万円以上 20万円未満	20万円以上 24万円未満	24万円以上	計
死別・離別時		1	9	11	18	14	4	10	67
就労・転職 1回目		2	12	25	30	18	8	6	101
就労・転職 2回目		0	3	16	21	12	6	3	61
就労・転職 3回目		1	3	7	11	18	3	1	44
就労・転職 4・5回目		1	1	1	9	4	3	1	20
計	世帯数	5	28	60	89	66	24	21	293
	割合（%）	1.7	9.4	20.2	30	22.2	8.1	7.1	100

表6－7　転職までの就労継続期間

		1月未満	1月以上 6月未満	6月以上 1年未満	1年以上 2年未満	2年以上 3年未満	3年以上 5年未満	5年以上	計
死別・離別時		1	4	11	23	8	25	14	86
就労・転職 1回目		6	29	33	49	10	18	15	160
就労・転職 2回目		6	9	20	20	14	5	6	80
就労・転職 3回目		3	3	8	7	6	1	1	29
就労・転職 4・5回目		3	3	1	0	0	3	0	10
計	世帯数	19	48	73	99	38	52	36	365
	割合（%）	5.2	13.2	20.0	27.1	10.4	14.2	9.9	100

場を選んでいる人が多く、全国のパートタイム平均収入を遥かに超える「収入月額12万円から20万円」を過半数の人が確保していた（表６－６参照）。死別・離別時前からの就労者では、24万円以上の収入の者が10名で、いずれも看護師等の正規雇用者であった。これらの収入ラインを超える正規雇用者は児童扶養手当の対象外となる。

言い換えれば、結婚退職しサラリーマンの妻、被扶養者になっていた場合で、死別・離別によって再度就労する場合、看護師等を除いて前述の「収入月額12万円から20万円」に留まらざるをえない。

また、退職理由で「収入が少ない」とする場合が多かったが、収入月額別の比率は転職回数別で大きな差はなかった。

前述の「収入月額12万円から20万円」は、専門的な資格がない女性にとっては確保できる精一杯の収入であり、何度か転職して得られた判断といえる。そうした努力を母子世帯の母親たちは繰り返している。転職している場合を個々に見ても、収入は必ずしも増えておらず、収入ライン上では横の移動になっている場合が多かった。

この調査で収入月額20万円未満の人は全体の84・８％であったが、これらの世帯の場合、例えば子ども２人との３人世帯の場合で、家賃が１万３０００円と仮定した母子世帯の生活保護基準の標準事例21万５３６円を就労収入が下回る。しかし、その内の「収入月額12万円から20万円未満」の世帯の場合、児童扶養手当を加えれば生活保護基準額に近づき、あるいは若干超えることが可能な場合もある。母子世帯数が増加している中で、一時期は生活保護世帯が減少していた理由の一つがこの点にあると推定できる（その後、不安定雇用の拡大の中で、生活保護母子世帯は増加に転じた）。

転職までの就労継続期間

アンケート調査では、退職理由として「雇用先都合」「自己都合」のいずれかを尋ねたが、会社倒産等を除いて大半の回答が「自己都合退職」であった。「収入が少ない、これでは子どもが育てられない」と転職している場合も多いが、その他「人間関係、上司との関係に疲れた」「残業が多くなり子どもを放置した」「就労条件が当初の説明とは異なった」「仕事がきつく疲れた」「自分の病気」などが挙げられる。このように、「自己都合退職」であっても雇用先の労働条件や労働環境に起因している場合が多い。

表6－7は転職に至るまでの就労先箇所ごとの就労継続期間を集計したものであり、のべ365カ所であった（就労継続中の現在の就労先331カ所については含んでいない）。「死別・離別時」では、3年以上継続していた職場を辞めた人が39名、45・3％になるが、死別・離別によるものと推測される。「自営業の専従者だったので」との回答もあった。

全体では、就労継続期間6カ月以上2年未満がのべ172カ所、のべ転職総数の47・1％であり、安定した雇用先にはなっていないことを示している。

母親の意見を見ると、現在の就労先がいつまで続けて就労させてもらえるのかという不安や、加齢が進むことによっての健康面による不安など、不安定な雇用先である故の不安を抱えて就労していることがわかる。

・これから先の子どもの学資が用意できるか心配、正社員になって働きたい
・仕事をリストラされないか、その時生活できるのか不安
・派遣でなく、正社員として仕事したい
・今後いつまで今の仕事が続けられるか不安

アンケートでは多くの回答に「正社員、正職員になれることを願っている」旨の記入があった。２００２年の母子及び寡婦福祉法の改正では「所得の増大に結びつく雇用機会創出のための支援」が掲げられ、具体策として事業主に対する「常用雇用転換奨励金」を創設することになった。母子世帯の母のパート雇用を常用雇用に転換する場合、ＯＪＴ（企業内教育・訓練）を実施した後に30万円程度を奨励金として事業主に支給するもので、従前活用が不十分だった雇用保険法による「特定求職者雇用開発助成金」の活用と合わせて、新制度施行による効果がどの程度になっていくか注目したい。

3　児童扶養手当と生活保護

１９８０年代から母子世帯及び児童扶養手当受給世帯が増加する中で、その大半の世帯が、「就労収入と児童手当を合わせたとしても生活保護基準を下回る」にもかかわらず、生活保護世帯の中の母子世帯は年々減少してきた。それはなぜだろうか。

死別・離別後の生活保護受給の有無

表６－８は、「死別・離別後の生活保護受給の有無」を尋ねたものである。前述で「収入月額12万円から20万円未満」の世帯の場合は「児童扶養手当を加えれば生活保護基準に近づき、あるいは若干超えることも可能となる」現況を収入面から分析した（ただしこの場合は、子どもが１人または２人の場合に限られる）。

実際の場合は、どうなっているのだろうか。アンケート調査で、「現在生活保護を受給している」と回答のあった世帯の「児童扶養手当受給世帯から生活保護世帯に至る経過」を一覧表にしたのが表６－９である。25名中、４名は経過についての記入がなく、１名は「保護受給」以外の回答がなかった。

20名の経過の内訳は次の通りであった。

①　離別後すぐに生活保護を受給し、その後にパート就労　８名　40・０％（内、子ども３

表６－８　死別・離別後の生活保護受給の有無

	受給中の世帯	受給したことのある世帯	受給を考えた世帯
世帯数	25	2	70
割合（%）	5.90	0.60	19.40

表６－９　児童扶養手当受給世帯から生活保護世帯に至る経過

離婚年月	児扶手当開始年月	生活保護開始年月	児扶から生保への期間	職歴・生保理由	子どもの状況
11.12	11.12←	11.9		生保→保険外交①	高、専、小
6.1	6.1＝	6.1		生保→営業→配送→体ダウン→製造①	中、小
	7.6	12.11	５年５ヵ月	就労→退職借金生活疲労→生保②	高、小
13.5	13.12	14.7	８ヵ月	居酒屋→疾病→生保→居酒屋②	中、小
12.8	13.1←	12.8		生保→出産→育休中④	幼
8.1	8.4＝	8.4		生保→包装→検品①	保
9.9	9.12＝	9.12		食品→生保→食品③	高、中
12.3	12.9	14.6	１年10ヵ月	弁当店→物流→すし→生保→すし継続③	保
13.5	13.7＝	13.7			保、保
10.2	10.3	10.9	７ヵ月	化粧品販売→生保→保険外交→疾病②	小
13.8	13.12←	13.9		生保→パート→パート①	中、小
9.6	9.8	10.2	７ヵ月	飲食店→生保→パート③	中、小
10.8	10.12	14.3	３年３ヵ月	集金→体調不良→接客→ダウン→生保②	中、小
7.1	7.12	8.3	３ヵ月		高、中
9.4	9.5	11.6	２年１ヵ月	保険外交→食材→生保→雑用③	小、小
3.5	7.8	12.7	５年		中
8.8	8.9	13.9	５年１ヵ月	配達→けが→生保②	中、中、保
6.12	7.11	8.7	９ヵ月	接客→疾病→生保②	高
13.1	13.8＝	13.8		花店→生保→花店継続①	保
11.4	12.4＝	12.4			小
9.9	9.9＝	9.9		生保→保険外交→倉庫→リストラ①	小
12.6	12.8←	12.7		ヘルパー→生保→パート①	小、小、保
9.9	9.12＝	9.12		生保→ウェイトレス①	高、中、小
9.7	9.9	11.5	１年８ヵ月	部品組立→生保→組立継続③	小

注１：生活保護を申請した場合は他法優先のため、同時に児童扶養手当申請を行うことになる。
　　（同時開始：＝、あるいは後続開始：←）
　２：表中①～④は、本文と対応。

人：3名　2人：2名　1人：3名）

②　離別後パート就労、児童扶養手当受給、疾病で生活保護受給　6名　30・0％（内、子ども2人：2名　1人：2名）

③　離別後パート就労、児童扶養手当受給、生活費に不足困窮　5名　25・0％（内、子ども2人：3名　1人：2名）

④　出産のため働けず、生活保護受給、乳児育児中・未就労　1名　5・0％

①と④では生活保護を優先、②と③では児童扶養手当を優先している。離別後直近で生活保護を受けない場合は、途中で事故や絶対的な不足困窮がない限り、児童扶養手当で生活費の不足部分を補完し、なんとか生活を成り立たせている場合が多い。

なお、「子どもが1人または2人の場合」と前述したが、子ども3人の世帯の場合は、4名中3名が生活保護を優先して選択している。児童扶養手当が生活費の不足を補ってもさらに不足困窮することが明らかだったからと判断できる。

①の回答者からは、「子どもを抱えてどうしてよいかわからなかった」「子ども3人を育てていけるのか心配だった」「夫は借金を残していなくなった。その日からたちまち困った」「生活費、育児費用がなかった」等の意見が挙げられた。そして、②では、「借金が増え生活が成り立たなかった」等、③では、「養育費なし、借金有、パートだけでは生活できない」「生活費」「お金に困った」等、④では「住む家も出産費用もなかった」という意見が挙げられた。

②、③の場合、生活保護に至る前に借金をしたが、借金が増えていき「どうにもならなくなって」生活保護を申請したとの記入が複数あった。パートタイム就労収入と児童扶養手当だけでは限界がある。またこの場合の借金は泥沼に陥ってしまうことが多い。児童扶養手当が多くの母子世帯の生活、子どもの養育を支えている今日でも、生活問題が重複してくると生活保護制度によらなければ、問題の解決は図れないことがわかる。

生活保護と児童扶養手当

アンケート調査では、「生活保護受給を考えたことがある」との回答者が70名であったが（表６－８）、各記述によればその大半が受給を考えた時点で困窮の程度が要保護状態（以下「保護対象世帯」）にあったと推定できる。

表６－10は子ども・世帯員数による「保護対象世帯」の回答全数に占める割合であるが、これを見ると、子ども３人以上の世帯のうち約４割は「いよいよ困ったときには生活保護を受給する」ことを考えながら生活してきたことがわかる。

それでは、なぜストレートに生活保護を受給しないのか。この点については10年以上前からスティグマ（烙印）の論議がされてきている。それでは、スティグマはなぜ形成されているのか。この点では、次のことが問題点として挙げられる。

第一に、困窮に至ったことの原因を自分に求め、人に知られたくない、人に言えないという

表6-10　保護対象世帯の状況（生活保護受給を考えたことがある世帯を含む）

		子ども数				計
		1人	2人	3人	4・5人	
回答世帯全数		170	142	43	6	361
受給を考えた世帯(a)		37	19	11	3	70
受給世帯・廃止世帯(b)		9	12	5	1	27
保護対象世帯（a+b）	世帯数	46	31	16	4	97
	子ども数別割合（%）	27.1	21.8	37.2	66.7	26.9

抵抗感が強くあることである。アンケートでも、「離婚したがそのことを自分の両親にもきょうだいにも言えないでいる」と意見があったが、生活困窮も同様に人に言いづらい。そのことによって、借金を重ねる実態があるが、手遅れにならないよう、本来、福祉の情報の徹底や窓口の改善が図られるべきである。

第二に、生活保護世帯における扶養義務者の判断基準について、実務機関ごとに様々な解釈の扶養義務調査が行われていることである。この点では「扶養親族のある者は保護しない」とした救護法や「扶養能力のある親族のあるものは保護しない」とした旧生活保護法との違いをはっきりさせていく必要がある。例えば、生活保護世帯のきょうだいが収入がない等の理由で夫の被扶養者になっているにもかかわらず、扶養義務の履行を求めるなど、きょうだいの配偶者の親にまで生活保護を受給することが知られてしまう」との不安が強いスティグマの元になっている。

第三に、前述のように母子世帯の多くが「いよいよ困った時は、生活保護がある」ことを承知しており、そうした安全弁があるので、その前段階の児童扶養手当の受給で我慢していると いうことが考えられる。そうした点でミーンズテスト（行政が行う資力調査）のない社会手当と、ミーンズテストのある生活保護により、その対象者、利用者が二重の安全装置を持つことができている意義は大きい。

このように母子世帯にとって、社会手当としての児童扶養手当は就労意欲、生活意欲を支えるとともに、生活そのものに欠かせない制度となっている。
なお、児童扶養手当は2010年11月から年収365万円以下の父子世帯も対象となった。

4 母と子の暮らしと児童扶養手当に関するアンケート調査のまとめ
―働くことと子どもを育てることの両立への提案―

アンケート調査のまとめ

① 離別後の生活問題

今回のアンケート調査からまずわかったことは、離別後、母子の側がそれまで生活してきた住まいを出ることが多いことであった。まず住まいを見つけて転居するが、同時に子どもも転校するなど新しい環境に変わり、それまで仕事を持っていた母親も転居に伴い転職することが多い。この時期、母親は共通して子どもの環境が変わることを自分の責任だと感じて、子どもの精神面への影響を心配している。

次に、就労のため子どもの預け先を探すが、保育所は4月入所まで待つことも多く、その間は自分の親・きょうだいや、友人に子どもをみてもらうなどの工夫をしている。

複数の母親は離別後急いで空きがあった保育所を見つけて子どもを預けたが、近くに保育所があるのに遠くまで通うことになったと後悔している場合があった。

そして求職活動を行うが、仕事を見つけるのはチラシや、友人・知人の紹介が多く、市内や近接市の、子どもの保育所の送迎が可能な仕事先を選んでいる。ハローワークで職を決めた場合が少ないのは、ハローワークが地元になく、地元の求人も少ないことが原因の一つとして挙げられている。

多くの母親は離別してすぐに児童扶養手当の申請を行っているのではなく、離別から2カ月以内にまず就労先を決めて、３カ月以内に児童扶養手当の申請をしている。児童扶養手当制度は、制度が存在すること自体によって母親の就労を促すものになっている。

② 離別後の就労問題

専業主婦であった人が離別後、短い期間に就労しているのは、経済的に切羽詰っていた事情によるものであることが、アンケートの多くが離別時に「お金がなかった」と書いていることからわかる。離別前からの就労者は母親総数の43・８％であったが、離別後の就労者は母親総数の93・８％に一気に上昇する。子どもを自分で育てるという決意がこの数字から読み取れる。ただし、その約半数はパート就労である。

その後、収入が少しでも多いところへと転職を繰り返すが、転職は収入増には結びつかず平行移動の状態がみられる。１カ所の職場で継続して働いた期間は、６カ月から2年以内のケースが、のべ転職回数の半数近くであった。

調査時点での就労者は、母親総数の89・0％になっている。少しだけであるが就労者が減少したのは過労や病気で仕事が続けられなくなった人がいたためである。

仕事の内容は、事務、製造、販売が多いが、資格を取得するなどして看護、福祉職に就く場合も増加している。保険外交員は仕事に一度就くが一年ほどで辞める場合が多いため、離別後の就労者は多くとも、だんだんと少なくなる傾向にあることがわかった。ただし、保険外交員は、離別後容易に社会保険に加入できる仕事に就くことができる貴重な仕事場であり、そこで働くことを覚える機会になっている一面がある。

就労収入は、月12万円から20万円未満の人が約半数であった。パートタイム労働の全国平均10万円弱よりは高いが、20万円を超えることは難しく、児童扶養手当がなければ生活が成り立たない世帯が85％に及ぶ。

③　生活保護と児童扶養手当

生活保護を受給中の世帯については、離別後すぐに生活保護を受給してからパート等で働く場合と、就労するものの収入が少なく、困窮して生活保護に至る場合があった。生活保護受給世帯と生活が苦しくて生活保護を受けたいと思った世帯を合わせると27％であった。生活保護を受けたいと思った人が多いにもかかわらず受けなかったのは、就労収入と児童扶養手当だけでは生活に不足することを自分自身の努力不足として捉えてしまうことや、学資保険の積み立ての中断、扶養調査が親戚等に与える影響への不安が主な要因である。最後の手段として生活保護があるということは熟知されていたことが救いであった。

④　子どもの過去、現在、未来

児童扶養手当申請時には、子どもの半数は就学前であった。小学生を含めると82%に及ぶ。母子世帯としてスタートする時期の子どもの多数がまだ幼い年齢であり、しっかりとした子育てが必要な時期である。

子どもが成長して就学前から小・中・高校生に移りつつある時期、それとともに親は自分の力で子どもを進学させられるだろうか、仕事は続けられるだろうか、と様々な不安を抱えていることがアンケート結果からわかる。

２００２年11月の児童扶養手当法の改正で、法律では受給5年後から手当額が減額されることになった。２０１４年現在、実質この規定は凍結されているものの、*1 今後どのように具体化されるのかは関係者の多くが危惧している。例えば、アンケート対象者でいえば、5年後就学前児童はいなくなり、小学生、高校生、大学、社会人が3分の1ずつの構成になる。その時期こそ、中・高校生の進路選択の機会が保障されなければならない。経済的な援助が最も必要な時期であり、5年後の児童扶養手当5割減額はまったくもって非現実的なものである。

子どもの教育費等に関しては、多くの世帯において、経済的に苦しい家計の中で、さらに現在の教育費や小遣いは切り詰めて、子どもの将来の進学に備えて学資保険を蓄えている状態が明らかになった。

以上の児童扶養手当受給世帯の就労と生活の現状から明らかにされる母子生活支援の課題について、以下に述べる。

母子生活支援の諸課題

母子世帯の相談と支援を行う機関とおもな支援スタッフは、次の通りである。

① 保育所入所や児童扶養手当の申請を受け付ける、市町村児童担当課の職員
② 生活保護や母子生活支援施設入所等の相談に応じ、申請を受け付ける、福祉事務所のケースワーカーや母子自立支援員
③ 母子生活支援施設において入所者等の相談に応じる、母子指導員、児童指導員
④ 婦人相談所、乳児院、婦人保護施設における、相談員、指導員

母子世帯の子育て・生活・就労などの総合的な支援策を進めるとすれば、福祉事務所の母子自立支援員だけでなく、これら関係する職員全体の力量を高めていかなければならない。実際の相談には、夫や同棲していた男性から逃げて、着のみ着のままの状態で幼児の手を引いて、相談窓口に駆け込んでくる場合も少なくない。そうした場合、母子生活支援施設のショートステイに一時的に入所し、その間に本人が母子生活支援施設またはアパート住まいを選択する。地域によってはシェルターを女性たちが共同で作っている場合もある。

離別の相談、離別後の生活に関する相談は、当面する生活の心配、子どもを養育しなければ

ならないという責任感等で緊張と戸惑いが強いことや、場合によっては疲労や精神的ストレスの状態にあることを理解し、子どもと一緒に生活していくという決意を大切にして、短時間の面接の中でどのようなことでも相談してよいという信頼関係をつくっていくことが求められる。その上に立って、本人が活用できる制度、施策を丁寧に説明し、本人にその中から自分の利用できるものを選択してもらうことが大切である。

アンケート調査のまとめを生かした各機関の支援スタッフによる母子世帯の具体的な支援課題として、次のことが考えられる。

①　住まいの確保

アパートを借りる場合は、敷金を「母子福祉資金」から借入する。母子生活支援施設の利用は、決定する前に本人とともに施設を見学し、入所を本人が決める。

長期的には母子世帯向け公営住宅募集等による公営住宅への入居が、住宅費の負担が少なくてすむ。公営住宅募集の情報を継続して提供することが大切である。

②　子どもの転校への援助

母親本人が行うが、夫や男性の暴力から母子の安全を守るために、住民票を別の場所におく場合などは、機関または施設の事由書、本人の申立書をつけて仮入学許可をとるケースもある。そのような時、母子生活支援施設ではしばしば職員が子どもの登校に付き添うこともある。

③ 乳幼児への援助

2002年の母子及び寡婦福祉法の改正では「母子世帯の認可保育所への優先入所」が盛り込まれた。しかし同時に、待機児童を少なくするための低年齢児の入所枠の拡大が求められる。また、子どもが病気で保育所に通えない時、母親は何日も仕事を休めないために困ることがしばしばある。そうした時のためにも「介護人派遣事業」によるヘルパー派遣や、「病児保育」の体制が地域に作られていることが必要である。

なお、幼稚園については、「就園奨励費補助金」制度（所得制限あり）がある。

④ 母親と子どもの健康

母親の疲労や精神的ストレスは子どもに伝わり、子どもの発達に大きく影響する。健康の保持には母親が生活問題を重複して抱えないようにする環境がなにより大切である。こういったことから児童扶養手当の受給が母子世帯の精神的な健康に果たしている役割は大きい。

医療費の助成については、国の制度としてはないが、各自治体で母子世帯あるいはひとり親世帯に対して、「医療費助成制度」が作られている場合が多い。

⑤ 離別の法律相談

離婚調停中や離別後において、元夫の暴力、嫌がらせが続く場合がある。こじれた関係は簡単に結論を出せないが、子どもがトラブルに巻き込まれることは避けなければならない。親権者や養育費の支払い額及び、支払い方法などについて、夫婦間の協議離婚、家庭裁判所における調停離婚、離婚裁判等必要に応じてどのような手続きが必要なのかをアドバイスする。
未婚の母についても親権者や子どもの認知、慰謝料、養育費などについて、「親」の責任は明確にしておくことが、将来の子ども自身のためにも必要である。

⑥　求職活動の相談、職業指導

２００２年の母子及び寡婦福祉法の改正では、新しく都道府県による「母子家庭等就業・自立支援センター事業」により母子福祉団体等が就職支援講習会を開催するとともに「母子家庭等自立支援教育訓練給付金」「母子家庭高等職業訓練促進給付金」の支給、事業主に対する「常用雇用転換奨励金」の支給を行うこととした。これらの事業は、従来からあった雇用保険による「特定求職者雇用開発助成金」と異なるため、各市町村が母子世帯の雇用先の確保に努めていくことがキーポイントとなる。

⑦　子どもへの支援

母子世帯の母親が共通して最も心がけていることは、自分の力で子どもをしっかりと育てたい、母子世帯という負担を子どもが感じないようにのびのびと育てたいということである。子どもが親の生活苦を見て、将来に希望をなくし、学習意欲、生活意欲をなくすことは社会全体にとっての損失である。子どもは、どんな境遇に生まれようとも人格を持った一人の人間であり、人権、学習権、発達する権利を保障されなければならない。

少子化、「子どもの貧困」が言われる中で、子どもの総数に対する比率が高まっているひとり親世帯に育つ子どもたちの今後について、子どもたちの意欲を引き出し意欲を育てる支援が求められる。

【注】

＊1　本文でも述べているように、そもそも就業の上での生活困難であることが多く、この法改正は現実にそぐわないことが指摘された。そこで、２００７年の政令改正により、減額は「障害や疾病などで就業が困難な事情がないにもかかわらず、就業意欲がみられない者」に限られるようになった。ただし、減額制度がなくなったわけではないため、５年ごとに、受給者自身が減額適用解除を申請しなければならない。

第7章 父子世帯の悩み・生活と意見

「帰宅後、食事・家事・洗濯であっと言う間に10時を過ぎる。人には打ち明けられない」。子どもを自分が育てることを決めた限りは自分の責任、子どもに笑われないように責任を取りたいと、父子世帯の父親はいう。

1　父子世帯からのアンケート集約の概要

東京近郊の都市において2004年3月、アンケート調査を実施し、父子世帯（母非同居の世帯）約100世帯のうち31世帯から回答を得、集計した。なお、アンケート調査とは別に7世帯については面接による聞き取りにも協力を得られた。

本章ではアンケート調査（本章222頁〜参照）の集計結果とそれについて面接による聞き取りの結果を含めての分析を行う。この調査結果から、父子世帯がどのように子どもを育て、生活をしているか、父子世帯が抱える困難と父親及び子どもの悩み、父子世帯への子育て支援について、多くのことがわかる。なお、回答は、途中の質問について未記入部分も見られたが、全員が真摯にアンケートに答えていることがわかる。

父子世帯の就業、収入の状況（アンケートa）

アンケート回答からは、父子世帯の経済状況は、母子世帯の経済状況が年収300万以下の世帯が大半であることと比して一定の収入の確保がなされているが、一般世帯男子の就労と比べ「会社から望まれるだけの残業ができない」ため生活にゆとりがなく、将来の子どもの教育経費等の預金は難しいことがわかった。したがって、父子世帯に対して、子どもの就学のための入学金・授業料の貸与や子どもの医療費の助成などの経済的支援が求められる。

家庭訪問・面接による聞き取りの中では、住宅を確保した後に妻と離別したため「収入があっても、住宅ローンの返済にとても困っている」世帯が複数見られた。これらの事情から、父子世帯を対象とする施策において、所得制限は設定しないことが望まれる。

父子世帯の父親は、会社に事情を理解してもらっている場合と、会社、同僚には父子世帯であることを伏せている場合がある。なお、「子どもと接する時間を確保するためには、収入が下がってもやむを得ない」と判断している者が多数であった。父子世帯として子育てを優先する覚悟は共通していた。

父子世帯の家事、子育ての状況（アンケートb）

以上のアンケート回答からは、①父親自身が家事を行う場合、②祖父母と同居し、祖父母が家事を行う場合、③子どもが家事を行う場合の3通りの方法が採られていることがわかった。祖父母に依頼している場合も、祖父母の健康などいつまで頼めるか、頼めない時はどうすればよいかの不安が強く聞かれた。子どもに依頼している場合も仕事の都合による場合が多く、父親自身が家事を行う姿勢が強くみられた。「帰宅後、食事・家事・洗濯であっと言う間に10時を過ぎる。人には打ち明けられない」。子どもを自分が育てることを決めた限りは自分の責任、子どもに笑われないように責任をとりたいという。妻死別の場合も同様であった。

家庭訪問・面接による聞き取りの中では、食事作りについて作る姿勢はあるがうまく作れないなど、自治体に対して、父子世帯向けの料理教室を開催してほしいとの要望が聞かれた。

ひとり親世帯ヘルパー派遣制度については「制度を知らなかった。広報してほしい、利用したい」との要望が複数聞かれた。その場合、金銭的負担が心配との意見もあった。また「子どもがヘルパーを受け入れないのではないか」との利用時の不安の声も複数あった。

離別・死別と母親の関係（アンケートC）

離別対死別は2対1となっており、母子世帯より死別の比が高い。父子世帯となって5年以上が半数近くを占め、「父子世帯は再婚する場合が多く一時的なもの」という意見と、実態は異なっていることがわかった。家庭訪問・面接による聞き取りの中では、子どもが高校生活を終えるまでは、再婚は考えないとの意見が多数であった。「再婚話があると子どもは動揺する、それが原因での非行が心配」「子どもの居場所としての家を守りたい」という思いが共通していた。

母親の面会権については肯定しているものの「子どもの生き方にとって面会が必ずしもプラスにならない、会わせたくない」との意見も聞かれた。父親への不満を聞くことになった場合、子どもが混乱する結果、子どもの意志で次回の面会は難しくなる。

父子世帯と子どもの現況（アンケートd）

アンケート回答からは、調査31世帯・離別20世帯のうち、離別時きょうだい分離した世帯が5世帯であった。離別に際してのきょうだい分離は子どもの年齢等で微妙に判断されたものだが、家庭訪問・面接による聞き取りではきょうだいの関係を持つよう年1、2度、母親宅に出入りさせているとのことであった。

祖父母と同居は父子世帯になってから同居した場合が多いが、父子世帯になってそれまでの同居から子どもの意見により同居を止めた場合もあった。「母親が家を出たのは祖父母同居で折り合いが悪くなったから」祖父母との同居が子どもにとって精神的負担になる場合があることを家庭訪問による聞き取りで教えられた。

父子世帯となって父親が困ることとは、保育園や学校の行事は平日に開かれるため、親として参加しにくいことであるが、参加をする中で子育ての情報を沢山聞くことができ、他の保護者とのつながりが持てるようになったと話す父親もいた。行政についても同様で「平日の利用は困難であり施策があったとしても利用できない」との意見が複数寄せられた。その中で「離婚の法律相談で話が聞けて大変役立った、相談してよかった」との意見も聞かれた。父子世帯の施策として、休日等に話、相談ができる場の確保が望まれる。

家庭訪問・面接による聞き取りでは、「誰にも話せない思いを背負って、仕事と家事を両立させている家族があることを忘れないでほしい」といった意見が聞かれた。

就学前の幼児を抱えて（アンケートe）

アンケート回答からは、父子世帯の場合、まだ保育所入所の情報もれがあることがわかった。就学前の幼児が保育所あるいは幼稚園のいずれかに通っている状態をつくることは、子どもの成長・発達に欠かせないものであろう。

小学生以上の児童を抱えて（アンケートf）

アンケート回答からは、学童クラブの利用がまだ不徹底なことがわかった。父子・母子世帯の小学3年生までの子どもに関しては、学童クラブを優先して利用できなければならない。子どもを見守る仕組みが、子どもの安全にとって大切である。

子育ての喜びと悩み（アンケートg）

アンケート回答には、父子世帯の父親の悩みが反映されていた。

子育ての喜びについては、死別・離婚後、子どもの成長とともに喜びが減少し、辛さが増している。一番大変だった時期は、死別者10名については10名とも妻の死別を挙げている。一番大変だったことは、仕事と家計、子どもと自分の健康、家事、子どものしつけや友達関係、保育先や学費・進路など多方面にわたる。母子世帯は交流によって情報を知る機会があるが、父子世帯の場合、利用できる公的制度も情報として届いていない実態がある。

父子世帯の父親にとって、なぜ自分だけが大変さを背負うのか、自分が選択した離別の場合であっても、自分だけという思いは負担になる。父子世帯についても、交流しあえ、利用できる公的制度などの情報を入手できる場が必要である。

子育てで大切なこと（アンケートh）

アンケート回答からは、父子世帯であることが子どもたちの精神的発達に障害にならないように懸命に努力している様子が読み取れた。例えば再婚話一つが子どもに大きな影響を与えることを慎重に考えながら、毎日の仕事と家事、子どもとの会話、子どもとの外出に心掛けていることがわかった。

とりわけ、娘を育てる場合、父親の言動と日々の生活態度が娘に影響することを父親たちは一番良く理解している。「子どもの生理のことなど、自分の姉妹との交流を通して助言してもらっている」「娘が異性の友達をつくった時など、母親なら相談にのれる相談事を聞いてあげられないことが不安」などの声。家庭訪問・面接による聞き取りでは「中学2年生の時いじめにあっていたことに気づかず、不登校になってしまい、その後数年たってようやく娘と対話ができるようになった」など多面にわたる生活の実態を聞くことができた。

〈資料〉アンケート調査　父子世帯の悩み・生活と意見

この調査項目のいくつかは、保育・教育・福祉をめざす皆さんが現場で、父子世帯に限らず、保護者の皆さんと対話する時に、対話の糸口として活用してください。

（別途記載がない場合、回答者は計31名）

a 〔父子世帯の就業、収入の状況〕

問1　就業状況

働いている　28名、働いていない　3名

問2　就業形態

常勤　23名、自営　3名、パートアルバイト　2名

問3　勤務時間　（回答者計27名）

49時間以内　13名、50時間台　2名、60時間台　7名、70時間以上　5名

問4　早出残業、土曜日勤務、日曜日勤務、出張の有無　（回答者計27名）

早出残業　しばしばある　13名、たまにある　12名、ない　2名
土曜日勤務　しばしばある　11名、たまにある　14名、ない　2名
日曜日勤務　しばしばある　7名、たまにある　14名、ない　6名
出張　しばしばある　3名、たまにある　9名、ない　15名

問5　収入　（回答者計26名）

700万以上　7名、600万台　5名、500万台　4名、400万台　3名、300万台　3名、300万未満　4名

問6　生活費

就労収入　28名、蓄え　2名、親　2名、生活保護　2名、児童手当　4名

問7　生活程度

大変苦しい　9名、やや苦しい　10名、普通　11名、余裕　1名

問8　生活費で負担を感じること

食費　20名、住居費　16名、授業料　16名、光熱費　14名、医療費　10名、塾等　9名、保険料　6名、学資保険　5名、交通費　5名

b 〔父子世帯の家事・子育ての情況〕

問9　家事について、本人・子ども・祖父母の誰が担当しているか

父親本人

掃除　17名、洗濯　18名、朝食　14名、夕食　16名、買物　24名、送迎　4名、保護者会等参加　16名

子ども　（回答者計　9名）

掃除　5名、洗濯　4名、朝食　5名、夕食　4名、買物　2名、

祖父母　（回答者計　祖父母同居　11名、別居　1名）

掃除　12名、洗濯　11名、朝食　11名、夕食　11名、買物　7名、送迎　6名、保護者会等参加　4名

問10　外食や家事について　　　　　　　　　　　　　（回答者計　28名）
　外食　月１回　２名、月２回　７名、週１回　４名、週２回　７名、毎日　５名、
　　　　なし　３名
　洗濯　月１回　１名、月２回、１名、週１回　２名、週２回　10名、毎日　12名、
　　　　なし　２名
　掃除　月１回　２名、月２回　２名、週１回　７名、週２回　12名、毎日　４名、
　　　　なし　１名
問11　家庭で食事を週何回つくるか（弁当を含めて）　（回答者計　28名）
　５回以上　７名、10回以内　３名、15回以内　７名、20回以内　７名、
　20回以上　４名
問12　家庭で一緒に食事
　毎日　15名、週２－３回　８名、月２－３回　４名、なし　４名
問13　あなたが病気の時の食事づくり
　同居祖父母　11名、別居祖父母　１名、子ども　９名、自分　10名
　（ヘルパー等なし）
問14　子ども（末子）と一緒に過ごす時間　　　　　　（回答者計　30名）
　平日　１時間　７名、２時間　10名、３時間　５名、４時間　１名、
　　　　５時間以上　３名、なし　４名
　休日　１時間　０名、２時間　７名、３時間　３名、４時間　２名、
　　　　５－９時間　７名、10時間以上　10名、なし　１名

c　〔離別・死別と母親との関係〕
問15　父子世帯になってからの期間
　０年　１名、１年　４名、２年　３名、３年　６名、４年　４名、
　５－９年　10名、10年以上　３名
問16　離別・死別、父子世帯の発生原因
　別居　３名、離別　17名、非婚　１名、死別　10名
　但し、別居の内　１名は妻単身赴任別居、生活形態は父子世帯のため本調査に含め、
　本人の希望により面接についても行った
問17　養育費の取り決め　　　　　　　　　　　　　（回答者計　20名）
　取り決めなし　14名　口約束　１名、文書　１名、調停　２名、
　公正証書　２名
問18　母親の面会　　　　　　　　　　　　　　　　（回答者計　20名）
　週１回　０名、月１回　４名、年１回　６名、殆どなし　２名、全くなし　８名
問19　子どもと母親との関わり　　　　　　　　　　（回答者計　20名）
　望む　７名、望まない　13名

d 〔父子世帯と子どもの現況〕

問20 誰と同居しているか (回答者計 29名)

祖父 5名、祖母 10名(祖父母11名)、叔父叔母 2名、
子のきょうだい 22名

問21 現在の子どもの年齢 (子どもの合計 69名)

同居 5歳以下 7名、6-10歳 12名、11-15歳 20名、
16-20歳 15名、21-25歳 4名、26歳以上 2名 計60名

別居 5歳以下 2名、6-10歳 0名、11-15歳 2名、16-20歳 2名、
21-25歳 3名、26歳以上 0名 計9名

別居は子の母親宅等きょうだい分離 5世帯 7名、社会人及び学生寮 2名

問22 父子世帯で困ったこと(複数回答)

保護者会と仕事が重なる 13名、宿題を見てやる時間がない 9名、
持ち物・提出物の通知が急 7名、名簿で単親・姓の違いがわかる 7名、
持ち物・提出物が多い 4名、クラスの保護者との関係 3名、
父兄参観日 3名、その他(弁当) 2名

問23 行政の相談窓口で相談したいこと(複数回答)

住居 7名、学童クラブ 6名、手当 5名、法律相談 4名、
自分の悩み 2名、転職相談 1名、子育て相談 1名、家事ヘルパー 1名

e 〔就学前の幼児を抱えて〕 (回答者計 9名)

問24 幼児の保育

日中 保育所 3名、幼稚園 2名、同居祖父母 2名、別居祖父母 1名、
子どものみ 1名

問25 子どもが病気の時

親族に見てもらう 4名、自分が仕事を休む 3名、職場に連れていく 1名
一人寝かせておく 1名

問26 市の保育制度への要望(複数回答)

延長保育 3名、休日保育 3名、幼稚園の延長保育 2名、夜間保育 2名、
病時保育 2名、保育士の充実 1名、その他(偏見をなくす) 1名

f 〔小学生以上の児童を抱えて〕 (回答者計 24名)

問27 放課後どこで過ごすか

自宅 18名、友達と自宅で 8名、友達の家 12名、塾 5名、部活 5名、
公園 5名、家の近所 5名、学童クラブ 1名、コンビニ 1名、
図書館 1名、児童館 1名、父の友人 1名

問28　夏休みどこで過ごすか
自宅　14名、友達の家　８名、友達と自宅で　５名、部活　４名、公園　３名、
家の近所　３名、祖父母自宅　３名、叔父母宅　２名、学童クラブ　２名
塾　２名、コンビニ　１名、父の友人　１名、図書館　０名、児童館　０名

g 〔子育ての喜びと悩み〕

問29　子育ての喜び、あなた自身は
妊娠・出産期　楽しい11名、やや楽しい９名、やや辛い１名、辛い０名　計21名
乳児期　楽しい10名、やや楽しい７名、やや辛い２名、辛い１名　計20名
幼児期　楽しい10名、やや楽しい１名、やや辛い４名、辛い３名　計18名
低学年　楽しい７名、やや楽しい５名、やや辛い３名、辛い３名　計18名
高学年　楽しい５名、やや楽しい４名、やや辛い４名、辛い２名　計15名

問30　一番大変だった時期
死　10名、離婚成立　８名、別居　３名、離婚後　１年　３名、離婚意思　２名、
離婚調停　２名、その他　２名、なし　１名

問31　一番大変だったこと（複数回答）
仕事　11名、家事　11名、学校　10名、家計　９名、子の健康　８名、
しつけ　８名、子どもの進路　７名、自分の時間がない　７名、
自分の健康　７名、保育・預け先　５名、元のパートナーのこと　４名、
学費　４名、子どもの交友　３名、住まい　２名、家族関係　２名、
その他　２名

問32　死別・離婚後一年間の生活費（複数回答）
就労収入　28名、蓄え　７名、親　６名、生活保護　２名、児童手当　３名、
養育費　１名、保険・保険解約　２名

問33　死別・離婚後一年間困ったこと大変だったこと（複数回答）
仕事　16名、家事　12名、学校　12名、子の健康　11名、しつけ　10名、
家計　９名、自分の時間がない　９名、学費　５名、保育・預け先　５名、
自分の健康　５名、家族関係　４名、元のパートナーのこと４名、
子どもの進路　３名、子どもの交友　３名、学童クラブ　２名、住まい　２名、
その他　２名

問34　利用している・利用した公的制度
児童手当　11名、学童クラブ　６名、保育所　５名、生活保護　２名、
休養ホーム　１名（制度がわからないとの記載　１名）

h 〔子育てで大切なこと〕

問35 子育てで大切にしてきたこと

他人に迷惑をかけない 17名、子どもの話を真剣に聞く 16名、
一緒に過ごす時間 13名、子どもが自分で決める 9名、約束をまもる 6名、
干渉しない 6名、子どもと話し合って決める 4名、
子どもの甘えを満たす 3名、子どもの自由時間をつくる 2名、
きょうだいに関わってもらう 2名

問36 あなた自身のリフレッシュ

飲み会 8名、趣味 8名、ショッピング 6名、スポーツ 6名、
インターネット・メール 6名、映画 3名、釣り 3名、カラオケ 3名、
地域活動 2名、他家族と交流 2名、パチンコ 2名、ドライブ 2名、
競馬 1名

問37 子どもとの生活の楽しみ

一緒に買い物や散歩 17名、子どもとの会話 15名、一緒に外食 13名、
一緒にスポーツ 11名、誕生日など 10名、レジャー 8名、旅行 8名、
一緒に家事 5名、絵本の読み聞かせ・工作 3名、勉強をみる 2名、
添い寝 1名

問38 あなたの健康

快調 4名、身体快調心不調 11名、身体不調心快調 1名、不調 9名、
なんとも言えない 5名

問39 あなたの年齢

30歳未満 1名、30–34歳 3名、35–39歳 8名、
40–49歳 11名、50歳以上 8名

i 〔行政の子育て支援策への要望〕 自由記載

・会社は介護だけでなく、家事・子育ての時間も考慮してほしい。
・父子の利用できる制度があれば、表にして教えてほしい。
・夜8時帰宅、10時半にやっと家事が終わる毎日です。
・親身になって聞いてくれる相談先はひとつもない。
・家事ヘルパーを紹介してほしい。
・妻のパート分、経済的にきつい。
・保育料負担が離別後高くなった。軽減してほしい。
・住宅ローンの返済、一人分の収入になったため自己破産になりそう。子どものために自己破産は避けたいが、どうすればよいか。
・子どもの放課後、ヘルパーを派遣してほしい。
・金銭的な支援をしてほしい。

2　行政の子育て支援への要望

父子世帯の場合、父親の収入、仕事内容が異なるため、共通したニーズ、福祉と施策に絞りにくい特徴があるが、今回のアンケートの回答及び家庭訪問・面接での聞き取りにおいて共通している行政への要望をまとめると次の通りである。

① 父子世帯として懸命に頑張って子育てしている事実を行政は知ってほしい。
② 父子世帯が利用できる情報を届けてほしい。
③ 父子世帯が参加できる時間帯に相談や交流ができる場を設定してほしい。

第3部　福祉と教育

第8章

子育て支援と保育相談支援

―「家庭のない家族の時代」の子育て問題―

現代の家族の特徴は「家庭のない家族の時代」といわれる。家族ではあっても、互いに支え合うことを失っている現象の中で、子どもたちに必要な「養育・教育機能」が弱まりつつある。

1　家庭が抱える「生活問題」

保育所入所児の家庭は、所得階層は様々だが、共通して各々の家庭が形成途中にある。親は、保育所への子どもの送迎の日々を通して、様々なことを学びながら家庭を形成してゆく。したがって、保育所は、子ども・父母と日々接する中で、子どもと親の関係や家庭の形成を温かく見守り続ける必要がある。

ところで、今日ほど家庭の形成が難しい時代はない。全国社会福祉協議会で「提言　あらたな『児童家庭福祉』の推進をめざして」では、現代の家族の特徴を「家庭のない家族の時代」と述べている。家族ではあっても、互いに支え合うことを失っている現象の中で、子どもたちに必要な「養育・教育機能」が弱まり、また変化しているという指摘である。たしかに、多くの家庭が、生活の中に危機的状況、様々な「生活問題」を抱え、不安の中で生活している。こうした中で、子どもの成長を中心として各々の家庭単位の生活文化、家庭像をつくりだしていくことは容易ではない。

職場にあっては、「管理・競争・二極化・格差社会」が進む中で、正規雇用においては苛烈を極める勤務、長時間労働、出向、転勤、そして非正規雇用においては派遣、契約雇用、フリーター等「子育て」を無視した労働者像を求めており、また、生活の周囲にあっては、地域における交流の余裕がなく、生存を保持するためだけの消費生活に追われる毎日となってきている。2000年代になって、子育て家庭の生活階層が急速に二極化し、子どもの父親に非正規雇用者が増え、生活困難家庭が拡大し続けている。そうした中で、子どもを生んだらすぐに母親も働かなければ、生活、子育てができない家庭が増加し、そこから保育所の「待機児童」問題も起きている。

こうした状況は、生活の中に精神的な豊かさ、文化・教養を取り入れることで生活文化をより豊かなものにしようとする生活形成につなげられず、家庭の中でも相互の絆、人間的な共感が失われ、精神的には貧しい生活感覚になりがちになってきている。このような生活の不安定さ、不安の中で、今日の子どもたちは成長している。

したがって、こうした生活の不安定さが、どう克服され、次の段階の子育てにつなげられるか、各家庭にとって子どもの幼児期は、日々、家庭のあり方を模索し、習得していく大きな意義がある時期だと言える。

しかし今日、その前後に、「生活問題」を克服できずに、家庭の崩壊に直面する場合もかなり多くなってきている。潜在的な家庭の崩壊が顕在化した時、生活困窮・生活困難が同時に進む。そうした時、その影響をまともに受けてしまうのが子どもたちである。

2　崩れゆく家庭・地域の中で

傷病、生活困窮、地域環境の貧しさなどの「生活問題」を重層して抱える中で、家庭が崩壊し、あるいは機能を失い、福祉行政の援助が子どもの世代のことまで考えられていないことから、地域に貧困がさらに蓄積し、子どもたちが将来への展望をなくして荒れていく。それは、生活困難家庭、家庭崩壊した家庭だけの問題ではなく、子育て機能が弱い地域における家庭の子どもたちにも影響していく。

経済的な貧しさが、精神的な貧しさを生み、家庭を崩壊させ、人の心を荒廃させて、さらに経済的な困窮と健康の破壊につながっていく。こうした環境の中では、親も自分の子どもの問題どころではなくなる。家庭生活の問題と親自身の生き方、心の問題が重なって深刻化する。貧困は、社会福祉の援助がなく放置したままでは、さらに貧困を広げ、次の世代へ再生産していくことになる。そうした例は、何も生活保護世帯に限られるものではない。

今日の管理・競争・格差社会の中では、苛烈な勤務を求められる職場状況にあって、夫婦、子どもたちとともに成長しあう場がないことから、一歩進めば家庭崩壊はどんどん起きかねない。こうした精神的な貧しさ、文化的な貧しさは、やがて経済的な困窮にもつながっていく。

したがって、今日、貧困の連鎖・再生産を防ぐことは本来国民共同の課題であり、そのためには、国民全体に共通する生活の困難「生活問題」を地域の中でトータルにとらえてその一つひとつを解決・解消しようとする努力と、生活能力、生活文化を形成しようとする努力を、共同の課題として合わせていかなければならない。

3　地域の中でできること

地域社会の中で、生活困難の原因となる「生活問題」の解決、及び子育てを中心にした「生活文化」をどう創造していくかが課題になる。以下、実際の活動等から具体的に見ていこう。

文化・スポーツ

私が住んでいる千葉県松戸市では、保育所・小学校・学童クラブ等で父母が主体となって企画する子どもを育てる文化・スポーツの活動が盛んだが、こうした子どもを育てる活動を通して、父母は自分の子どもをとりまく地域社会の状態をよく知ることができる。

例えば、市内44カ所の学童クラブでは、あわせて500名の、放課後の「保育に欠ける」「学童っ子」がおり、毎年夏恒例の学童クラブごとのキャンプには、多くの親たちが参加している。また、夏休みの最後に行われる市内の学童クラブ合同の「ボールゲーム大会」では、ドッジボールの学童対抗戦で、子どもはもちろん、応援の父母も毎年熱中する。

母親だけでなく父親も、たとえ職場では「職場人間」であっても、せめて子育ての期間中は、子どもの居場所、子どもの周囲、友達の家などを含めた子どもの生活圏をよく知ること、そして自分の子どもだけではなく地域の子どもたちのために「親」の役割を果たす必要がある。

学ぶこと

最近、不登校児の増加が報道される中で、学校に行かないことが美化されることがあるが、これは子どもの本音を知らない無責任な主張である。無責任といえばもう一つ、「学歴社会批判」論も無責任である。現実的に、今日の社会で一定の学ぶ力・生活力がなくて、どう生きていけと言うのだろう。

経済的にも環境的にも不安定な家庭の中では、子どもも精神的不安定になり、学力も遅れがちになる。これらを克服するための実際の活動については、第２章等の「江戸川中３生勉強会」を参照してほしい。

子どもの居場所

「塾に通って自由に遊ぶ時間がない」「子どもが地域で遊ばなくなった」といった批判がある。地域の中で子どもたちを伸び伸びと遊ばせたい。ところが、今日の社会は、子どもたちの自由時間がたとえあったとしても、様々な事件に見られるように弱い子どもたちを犠牲にする犯罪等「より弱いものいじめ」がどこでも起きる状況がある。「強い者ほどよくいばる」、この状況も裏がえせば管理・競争・格差社会の状況がつくっている。

こうした中だからこそ、地域の中で親たちは、子どもたちが安心して過ごせる居場所づくりに努めていく必要がある。学習塾やおけいこごと等に通わない（通えない）子どもたちの居場所が、ゲームセンターや非行のたまり場であってはならない。

4　保育所は「地域子育て支援センター」

1990年代になって、保育所は地域の「子育て・養育」を担う施設として、入所児に限らず地域の父母の様々な子育て相談に応じるなど、地域の子育てに悩む親たちに開かれた仕組みが求められるようになった。そのためには、保育所入所児の卒園後の成長を含めて、地域の子どもたち、そして子育ての現状・全体像をつかむ必要がある。

その際に大事なことは、子どもたちを取り巻く「生活問題」についても理解しておき、問題が複雑になった時は、解決に向かってどのように援助していけばよいかを、他の行政機関に依存しないで主体的に考えていくことである。

そうしたことから、保育所が「地域子育て支援センター」の看板をつけて、

① 地域の保護者たちの子育てに関する来所及び電話相談に応じる

② 幼稚園や保育所にまだ入園していない子ども及びその保護者を対象とした、2時間ほど

の交流の場（つどいの広場）や、専業主婦等の母親の社会参加等のための「一日保育」の実施

③　地域の子育て中の保護者を対象にした「子育て講座」の実施

等が行われることになった。そうした事業を行う場合は保育所運営費に保育士の加算等[*1]が行われている。

事例8-1　不登園児

ある幼児A子の不登園は、子どもの小児ぜんそくが不安であった母親が、子どもをずっと休ませた結果起きた。保育所でも、子ども課でも「通わせ続けたい」思いは一緒だったが、とうとう母親は退所の手続きをとってしまった。

また別のある幼児B夫の母親は、仕事の経験がなく、働くことに踏み切れないでいた。行政の福祉事務所は、B夫を保育所に預けて、早く母親を働かせたい意向を持っていた。途中2日ほど登園したこともあったが、母親の就職先が決まらないままで、不登園が続いている。

不謹慎かもしれないが、私は保育所と行政の福祉事務所や子ども課の「不登園児」をめぐる

ホットなやりとりを聞くと楽しくなる。

不登園は、家庭の「保育に欠ける」生活状況が未解決の時に起こることが多いため、小・中学校の不登校とは異なる。問題の解決には、保育所から子ども・親への働きかけとともに、福祉事務所等の生活援助機関が、直接親の「生活問題」の解決に乗り出すことが欠かせない。その際に保育所と福祉事務所等が対立することもあるが、対立するなら大丈夫といえる。ともに親の状態、その家庭の抱える「生活問題」をよくつかんでいる証拠である。互いにどのように問題を解いていくかみておこうという感覚で連絡を取り合うことが必要である。その際、4月4歳以上児なら、みんな幼稚園・保育所に通っており、日中は地域に同年齢の子はいないはずであるから、必ず登所につなげる姿勢が必要である。

事例8-2　白墨

夫がギャンブルで生活費を家庭に入れないことから離別した母子世帯で、母親の子育てに驚いたことがある。乳児を含め3人の子どもの保育所入所を勧めに行った際、母親Cさんは乳児に母乳を飲ませていた。その乳房の周りには、あせも予防の白いベビーパウダーのような粉。途中でCさんは上の子に「白墨3本買ってきて」。白い粉は白墨だった。

保育所入所が決まり、私がケースワーカーとしてCさん宅を訪ねた時、Cさんのお母さんが来ていたため、Cさんの育て方についてぶしつけとは思ったが聞いてみた。

「自分も母子世帯でCを育てた。生活するのが精一杯でCには教育もしつけもできなかった。中学卒業後、Cは家を出てしまった」。

この世帯で考えさせられたのは、今日の社会は情報が充実しているようにみえても、その世帯に必要な子育ての情報がとても入りにくいことである。Cさんは離別後も、保育所に子どもを預けて働く方法を知らなかった。Cさんは、ケースワーカーの働きかけにより、子どもたちを保育所に預けた後は、持ち前の楽天性で、地域の情報をとてもよく手に入れるようになった。

私は、母子世帯になったばかりの母親には、「子どもを高校卒業させるまでが母親の責任ですよ」と言うことにしている。すると驚かれることがあるが、このことを子どもが幼い時代から知っておかないと、子育てで取り返しのつかない結果になることが多いからである。

事例8-3　キッチンドリンカー

ある保育所から「母親のことで父親が困っている」という連絡があり、数日後、父親Dさんが福祉事務所を訪れた。「妻が先日肝炎で入院してしまった。妻には困っている」と言う。Dさんは長距離トラックの運転手、保育所には2人の男の子が通っている。

「実は妻は私のいない時、昼間であろうと飲酒してしまう。妻とは、子どもを寝かせて近くの飲食店によく飲みに行っていたのですが、それがいけなかったのです」と言う。

保育所に子どもを預けて働き始めたパートの仕事は長くは続けられなかった。その後、アルコール依存症治療のため精神科に入院。半年後、東北の妻の実家で静養するために引き取られ、Dさんは子ども2人と、Dさんの母の住む公営住宅に転居した。保育所も転園し、母に子どもの保育所送迎を任せて、トラック運転手に復帰した。

この事例では、父親が子育てを投げ出したり、子育てを理由に仕事への意欲をなくしたりしないように、父親の働く条件を支えることを中心に考えて相談にのった。

妻を飲酒に進ませたのは、妻自身に地域での生活の広がりが少なく、近所とのつきあいもない孤立の結果だと思われる。保育所の父母どうしの顔見知りをつくることから始め、子どもとともに地域を知っていくことがとても大切である。

事例8-4　義理の父

6カ月に1度の保育所入所継続の手続きの時、福祉事務所に届出に来た若い父親Eさんから「母親の欄はどう書けばよいか」と質問されて、面接室での対応になった。

「妻は家出している。自分は小学1年生を含む3人の子と高齢の姑を抱えて妻の帰りを待っている」「けれど、妻はもう帰ってこないでしょう。その時は、今のままの生活を続けます」と言う。

「それはいいが、奥さんのお母さんとは独立して生活したほうがよい。姑さんに独自の収入がない時は生活保護を受けるなど割り切って」。私はそうアドバイスした。

1年以上たったある日、区役所で私はEさんに声をかけられた。

「今、離婚届を出したんですよ。上2人の子どもは妻の前の夫との間の子ですが、私が育てます。子ども3人はとても仲がよいのです。言われたように、妻の母は近くのアパートに引っ越しました。子どもたちはよく義母のところへ行っています」。Eさんの、明るく歯切れのよい言葉に、私はとても安心した。

保育所入所継続事務で、期日を過ぎても届出がない離別の母子世帯に、母親の就労先について電話で聞こうとした時のこと。

「パパ、パパね！」。電話の向こうから、幼児のはっきりした声が聞こえてきた。

この子は、どんな思いで父親からの電話を待ち、父親の帰りを待っているのだろう。私は今でもあの時の「パパ、パパね！」の声が忘れられない。

5　少子化と待機児童増加の矛盾
―少子化なのに待機児童が増えているのはなぜか―

待機児童増加の要因として、一つに晩婚化の影響がある。女性の就労については残念ながら、結婚・出産退職が今日もなお続いている。乳幼児期の育児を終えて再度就労する。そのことを年齢別就労者のグラフの形から「M字曲線」といわれるが、晩婚化で20歳代の結婚・出産退職が減少し、30歳代の結婚・出産退職が増えるとともに、30歳代では、以前のように小学校入学までの「育児専念期間」をとると、再び就労することがとても難しくなる。それゆえ、M字曲線のVの期間が縮まっている（図8－1参照）。

次に、子育て家庭の生活階層の「二極化」が挙げられる。現在の子育て家庭の「二極化」はとても深刻で、2000年までは9割を占めていた男性(子どもの父親)の正規雇用が減少し、賞与がなく、収入も身分も不安定な非正規雇用で働くケースが増えてきている。男性1人の収入で子どもを育てることはできなくなり、その分、女性（子どもの母親）が、パートで働き、生活費の不足を補わなければ生活は成り立たなくなった。幼稚園に入園することのできる3歳児になるまで待つことはできない家庭、子どもが乳児期からすでに働かなければならない家庭が増加している。このことは、父親が正規雇用者であってもいえることであり、不況からくる

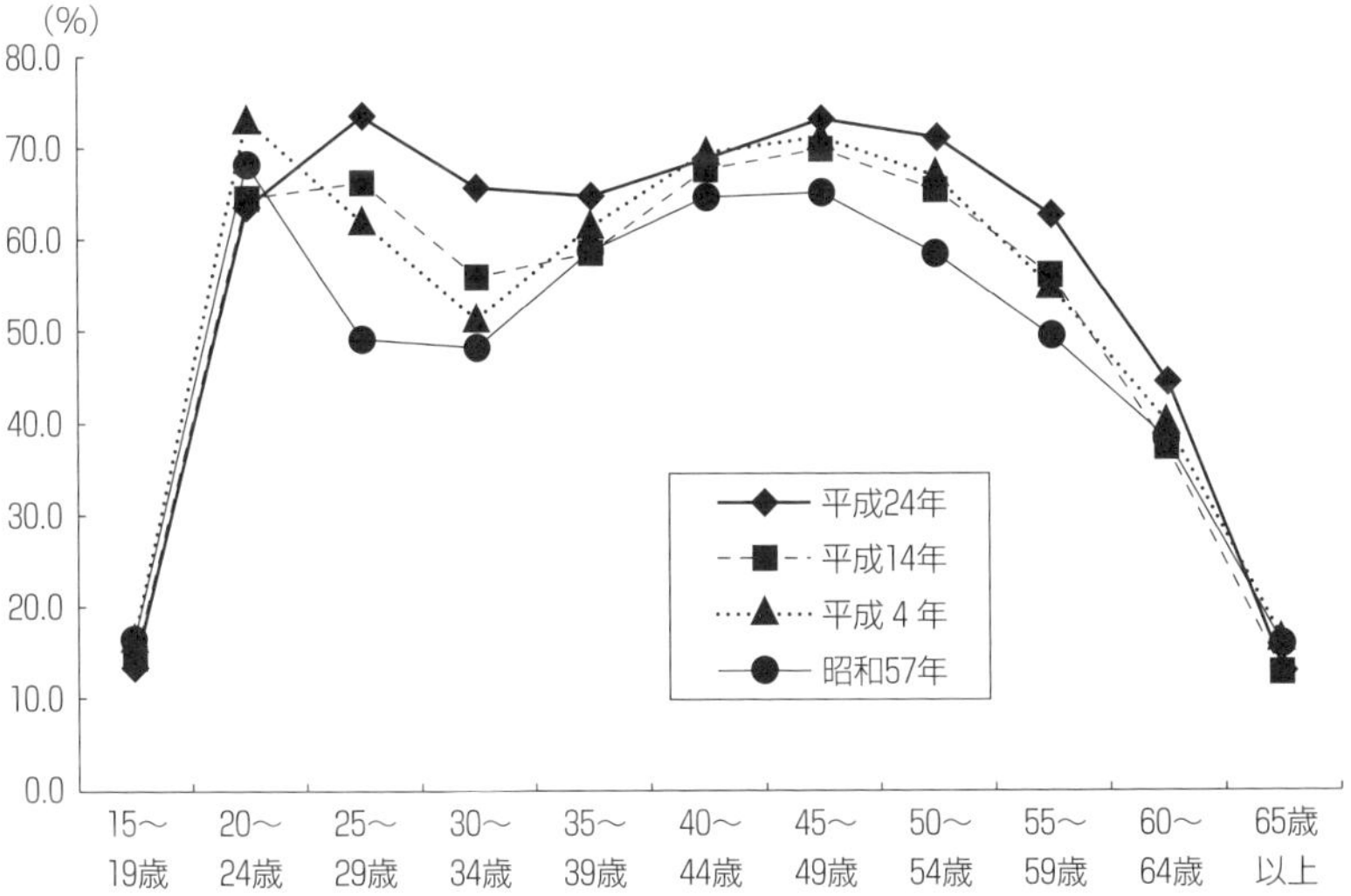

図８－１　女性の年齢階級別就労状況

資料：総務省「労働力調査」

賃金の目減りを、母親の収入で補わなければならない家庭が増えている。したがって、全国的に2歳児以下の低年齢児を中心に待機児童が増えてきている。

なお、低年齢児の保育所入所定員は0歳、1歳、2歳になるにしたがって暫増するように設定されており、2歳の場合でも各市町村とも保育所入所の定員は全児童数の2割前後に過ぎなかった。長く女性は「出産後は家庭に入って家事・育児」という男女役割分業意識や、「女性は家事・介護」という「日本型福祉社会」が求められてきた中で、近年まで全児童数に占める低年齢児童の保育所入所の割合は限定的なものであった。

1994年、少子化対策の具体的な計画として、国により策定された「今後の子育て支援のための施策の基本方向について」（エンゼルプラン）では、保育所に対する「低年齢児童の受け入れ枠の拡大」が目標の一つに掲げられた。1998年厚生省通知「特別保育事業の実施要綱」では母親の就労と育児の両立を支援するため、保育所の持つ機能を生かした7つの特別保育事業を推進するとして、その一つに「低年齢保育促進事業及び開所時間延長促進事業」の推進が掲げられた。2001年には、「仕事と子育ての両立支援策」を閣議決定、「待機児童ゼロ作戦」を展開し、2006年児童福祉法の改正では、待機児童が一定数以上いる市町村は「保育計画」を立てることを義務づけた。

しかし、低年齢児の保育所入所定員は、その後も大きくは変わっていない。その原因の一つは、1999年制定の「地方分権推進法」によって、保育所設置の予算が自治体に任せられたことである。それまで保育所建設の費用負担は国が1／3、都道府県と市町村が1／3、保育所をつくる法人（公立は市町村）が1／3に義務づけられていたが、その義務がなくなり、各市町村は「待機児童」が50名を超えた場合に「保育計画」を立て、保育所増設を考えることになった。そうした中で、都道府県と市町村による待機児童の解消の責任が大きくなっている。

【注】

＊1　「地域子育て支援センター」を保育所に設置すると、各市区町村からセンター専任保育士1～2名の保育士報酬が保育所運営費に加算される。

第9章

特別支援教育と障害児の進路保障

義務教育猶予・免除されていた障害者のいる家庭では、その多くが「家の中」で親が懸命に介助していた。近隣にも障害者がいることを隠している家族が少なくなかった。どの親も「子どもは自分で面倒をみたい」と懸命であった。

特別支援学校義務化以降の障害者は、民間企業への就職のほか、大半の人が作業所、通所更生・授産施設に通っていた。日中は外に出ることで身体を動かすことによる健康や人とのつながり、コミュニケーションの場が確保され、そのことが家庭での介助を無理のないものにしている。

1　特別支援学校卒業後の進路

人口70万人のある自治体には、肢体不自由児の特別支援学校、知的障害児の特別支援学校が1校ずついずれも小学部から高等部までそろっている。また、中学校の特別支援学級は区内の中学校3校に設置されている。近年、中学校特別支援学級の卒業生の大半は特別支援学校高等部へ進学する。特別支援学校高等部の卒業生は合わせて毎年40名ほどである。

高等部では本人、保護者と面接を繰り返し行い、希望する一人ひとりにあった卒業後の進路を探していく。そのために実習を繰り返し行っている。民間企業、作業所、通所更生、授産施設、訓練施設や進学などの進路を決める際には、ハローワークや自治体の障害者福祉課、実習先の施設にも参加を募り、関係機関合同の会議や保護者説明会などを開催している。

高等部卒業生約40名の進路の内訳はほぼ毎年、民間企業への就職が数名、作業所への通所が20名強、通所更生・授産施設への通所が10名弱、訓練施設や学校への入所・入学が数名である。中学校特別支援学級を卒業して直接上記の進路を選ぶ生徒少数が前述の数に加わる。

したがって、この自治体では、特別支援学校卒業後の進路の確保のためにも、毎年20名規模の作業所を一つ増設すること、4～5年に1カ所通所更生・授産施設を新設することがどうしても必要なのである。

2　それは1979年、障害児の全員就学から始まった

戦後、教育の分野では、1947年の学校教育法で「特殊教育」の実施を規定し、1948年には盲・ろう学校義務制が実施された。1953年に「教育上特別な取扱いを要する児童生徒の判断基準について」（文部次官通達）[*1]が出され養護学校等が整備される一方で、学校教育法では重度・重複の通学が困難な障害児について、義務教育の猶予・免除を規定しており、義務教育の蚊帳の外に置かれた。

1965年に「公立養護学校整備特別措置法」が交付され、養護学校の適正配置が進められていった。その年の義務教育猶予・免除児童は2万5041名であった。

1973年、文部次官通達により、障害児の就学義務の実施が準備されることとなり、知的障害児・肢体不自由児の養護学校が各地域に配置された。その年の義務教育猶予・免除児童は1万8806名であった。

1978年、「教育上特別な取扱いを要する児童・生徒の教育措置について」（文部次官通達）が出され、1979年には「養護学校の義務化、障害児の全員就学」が実施された。

この実施によって義務教育猶予・免除児童は、1979年に2424名、1980年に1880名、1990年に1015名となり、その後は全国で義務教育猶予・免除児童は1000名未満となった。

その後、特別支援学校高等部の設置が進み、進学者も増え、高等部卒業後の進路を毎年すべての児童にどのように保障するのかが、地域として解決しなければならない課題となった。

3 『そよ風のように街に出よう』

それでは特別支援学校の義務化以前の義務教育猶予・免除児童のその後はどうなったか。

１９７０年代に、ある福祉事務所のケースワーカーだった私は、地域を巡回していて、ある噂を耳にした。「あの家の奥には病気の人がいるらしい」。その家を訪ね両親に事情を説明し、本人に会わせてもらった。家の奥の、光のない真っ暗な部屋であった。

40歳代の男性で脳性マヒ、言語の習得はなく親は本人の様子で主訴を判断していた。障害者手帳の手続きはしておらず、年金も受給していなかった。運動の機会もなく、言語習得の機会もなく、知的障害の有無の判断の機会もなかったのである。当時、義務教育猶予・免除になった障害者の多くは、外出の機会もなく、抵抗力が弱く風邪から肺炎を併発するなど、高齢を迎えることは容易ではなかった。

１９９０年代、私は障害者福祉課のケースワーカーになったが、養護学校義務化以前の障害者と以後の障害者の状態はまったく異なっていた。義務教育猶予・免除されていた障害者のいる家庭では、その多くが「家の中」で親が懸命に介助していた。近隣にも障害者がいることを隠している家族が少なくなかった。どの親も「子どもは自分で面倒をみたい」と懸命であった。

特別支援学校義務化以降、障害者は民間企業への就職のほか、大半の人が作業所、通所更生・授産施設に通っていた。障害者団体の雑誌に『そよ風のように街に出よう』をタイトルにしたものがあるが、日中は外に出ることで身体を動かすことによる健康や人とのつながり、コミュニケーションの場が確保され、そのことが家庭での介助を無理のないものにしている。

私は障害者福祉ケースワーカーの時代に、よく上司から「(養護学校義務化以前の)寝た子を起こすな」と注意されたが、その理由は在宅の障害者を「外に出す」と、前述の自治体の計画的な施策「作業所増設年1カ所、通所更生・授産施設増設5年に1カ所」では間に合わなくなるからであった。

途中で施設へ入所した者を除いて、通所の作業所も通所更生・授産施設もそこを卒業するケースはまだほとんどない。外に出ることで健康になり、長寿になったからである。したがって、通所先が空くことはほとんどなく、作業所及び通所更生・授産施設を増設していくしか方法はないのである。

4 地域の中で障害者は今

1993年、宅急便の生みの親、クロネコヤマト元会長の小倉昌男さんが「ヤマト福祉財団」

をつくった際、援助依頼を申し出た多くが障害者作業所だったことに驚く。全国５０００カ所もの障害者作業所のことが福祉の書籍には説明されておらず、国の福祉予算ではほとんど補助がされていなかったからである。さらにこれらの障害者作業所に通所している障害者に支払われている作業の報酬は月1万円に満たなかった。「せめて障害者に月5万円の賃金を」と小倉さんは自らも作業所づくりを始めた。[*2]

共同作業所は各自治体で補助が異なるが、1カ所20名で2～3名の人件費補助及び家賃補助などである。自治体の補助では人手が足りないため、各作業所とも数名の指導員を置いているが、指導員の賃金は驚くほど少ないのが現状である。

そうした中で、国は１９９５年、一定の条件を満たした作業所を「小規模作業所」[*3]と位置づけ、年間１１０万円ほどの助成を行うことになり、当初２５００カ所ほどが該当した。

障害者施策の中で、知的障害者が就労し自立生活を準備するための施設「通勤寮」は、東京郊外では少ないが、「グループホーム」での生活に移行するためには大切な施設である。介護者が介護できない時の「ショートステイ施設」や在宅障害者で作業所通所していない者が週1、2回リハビリ訓練などのために通所する「デイサービス施設」（障害幼児の通所施設を含む）は、各自治体単位に設置が進んでいる。先に述べた作業が困難な重度・重複障害者のための「通所更生・授産施設」も各地に設置、増設されていくことが求められている。

在宅で常時介護を要する、あるいは家事が困難な重度・中度障害者の「訪問介護（ホームへルプ）」の利用も、障害者支援費制度[*4]の開始により、必要な人が利用しやすくなった。しかし、財政上の問題から費用面で負担が求められ、２００６年に介護保険と同様の本人による１割負担を取り入れた「障害者自立支援制度」がつくられた。

5　介護者の高齢化、障害者の高齢化

地域に作業所や通所更生・授産施設が設置されるようになって40年が経つ。現在、保護者の集まりでは、保護者自身の高齢化や本人の高齢化が心配の種になっている。「自分が高齢になり、通所の送迎バスに乗せるのも困難になってきた」「多動な子に身体がついていけない」「自分が寝込んだらどうしよう」など、介助する親たちの悩みは深刻である。親亡き後の対策、あるいは通所施設が遠くて通所できない場合の「入所更生・授産施設」「療護施設」「障害児施設」とともに、まだ通所施設がなかった時代から各地につくられてきたが、国は２００４年度から入所施設の新設は原則認めない[*5]としている。東京都でも毎年2、３カ所都外に新設してきた入所施設の新設を１９９８年から取りやめている。

しかし、親との意思疎通はできても、親以外の家族との意思疎通が困難な重度・中度障害者の親が高齢になった時や亡くなった時、入所更生・授産施設はなくてはならないものである。

現在、「脱施設」といわれ、グループホームの増設が求められている。国も東京都などの自

治体もグループホームを推奨している。グループホームは1カ所4～7名でホームの職員は1～2名のみである。私もグループホームづくりに関わっているが、たった1カ所のグループホームを維持していくのには大変な労力がかかる。単独のグループホームでは介助のノウハウが蓄積できない。

そうした点で、介護者の高齢化、障害者の高齢化が進む中で、地域にグループホームとともに小規模の入所更生・授産施設、障害高齢者が入所できるケアハウスや特別養護老人ホームが揃っていて、利用者と保護者が選択できることが必要である。

6　特別支援学校・学級と自治体が連携した進路保障の取り組み

中学校特別支援学級、特別支援学校中等部及び高等部の最終学年においての障害児の進路保障は、今日まで学校の担任まかせになる場合が多かった。しかし最近では、担任及び学校だけで当たるのではなく、自治体障害者福祉担当課、福祉事務所、職業安定所（ハローワーク）、民間企業、障害（児）者施設、作業所などが、十分な打ち合わせを行い、共同の事業として一人ひとりの障害児を支えていくことが求められている。

表９－１は、ある特別支援学校高等部3年生の進路指導年間計画表・個別の教育支援計画表の一部であるが、学校では、特別支援教育コーディネーター、進路指導担当教員まかせにしな

表９－１　特別支援学校・進路指導の年間計画表
（個別の支援計画表）

月	指導内容	参加者
４月	進路説明会	学校、保護者、関係機関（福祉司・CWを含む）
５月	進路懇談会１	学校、関係機関（福祉司・CWを含む）
６月	現場実習１	本人
７月	相談面接	本人、保護者、福祉司・CW
10月	現場実習２	本人
11月	家庭訪問	本人、保護者、福祉司・CW
１月	調整会議	自治体内関係機関（福祉司・CWを含む）
	進路懇談会２	学校、関係機関（福祉司・CWを含む）
２月	現場実習３	本人
	調整	学校、関係機関（福祉司・CWを含む）
３月	決定通知等	自治体・各作業所から本人、保護者に通知

注１：「関係機関」とは、自治体障害者福祉課、福祉事務所、身体障害者福祉司、知的障害者福祉司、障害者福祉ケースワーカー（CW）、地域内の通所授産・更生施設、地域内の福祉作業所、小規模作業所等、地域の障害者福祉に関係するすべての機関と施設のこと
２：「学校」は、特別支援教育コーディネーターの教員、進路指導担当の教員等を指す。

いで、３年生を担当する全教員で進路保障に取り組むことが重要である。

「進路説明会」においては、３年生になった子どもの保護者に、前年度の卒業生の進路の状況を知ってもらうとともに、地域の民間企業、障害者施設、作業所などの現状・生活の様子を職業安定所・各施設より紹介してもらい、効果的な実習先・進路先の選抜の資料を伝えることが大切である。

「進路懇談会」は、地域の職安・各施設・自治体（福祉事務所）の担当者に、３年生一人ひとりをよく理解してもらい、ふさわしい実習先・進路先を幅をもって検討してもらうためのもので、地域における職安・各施設・自治体（福祉事務所）の相互の理解にも役立つものになっている。

「１年生での体験実習（職場・施設見学）」「２年生での実習」も行うが、「３年生の実習」は趣が異なり、進路先として、子どもが興味を持ち、能力を発揮でき、継続して通勤・通所ができるか、企業や施設を選択する目的を持つ。なお、最終の２月の実習予定は１月までに決まらなかった場合の予備の日程である。

ある教員は、卒業間近になった時、３年生全員で自治体障害者福祉担当課や福祉事務所に社会見学する日程をとっているが、卒業後に様々な困難とぶつかった時に相談先となる自治体障害者福祉課及び福祉施策を知っておくことは、子どもの将来に有効なことだと思われる。とりわけ、自治体障害者福祉課や福祉事務所で障害者福祉を担当するケースワーカーにとっては、卒業後の進路保障に次の点からかかわることが必要である。

①　すべての障害児の進路について決定していくためには、学校と自治体との連携が欠かせない。自治体は在籍児の状態を早くつかむことで、将来にわたる予測をもって公営・民営の通所更生施設、通所授産施設の充実を図り、受け皿の確保に努めなければならない。

②　進路の決定に当たっては、受け皿の定員との関係もあって、ボーダー上の子どもの進路選択には微妙な場合が生じる。この場合、その選択は、子どもと保護者自身が選択できるように柔軟に対応する必要がある。

③　本人の状況、家庭の状況については、書類上で判断するのではなく家庭訪問活動を行う中で、より的確な本人の環境を知ることができる。そうした点で、自治体の組織は、できるだけ地域に密着した地域担当制をとるべきである。

④　地域の中で、障害者が普通に暮らしていくためには、通所更生施設、通所授産施設がより小さな地域を単位としてつくられ、整備されていく必要がある。

⑤　一般企業と作業所の間に類する福祉工場などが、ほとんどない状態があるが、積極的につくられていく必要がある。また、障害者雇用に積極的な事業所との連携を自治体（福祉担当者）は図っていく必要がある。事業所に足しげく通うことが大切である。

⑥　健康状態等のため、卒業までに進路の決まらなかった子どもについて、継続した家庭訪問活動、アフターケアを自治体（福祉担当者）は続けていく必要がある。

愛媛県久万高原町における障害児・者福祉のネットワーク〈資料〉

久万高原町は人口1万人、高原の4つの町村が合併してできた町である。その町の障害のある子どもの親たちは協働して、子どもの一人ひとりの進路を考え、町の中に共同作業所をつくって運営している。「パステルくらぶ」は、親の会が母体となり、2004年、愛媛県より認証されたNPO法人である。この法人は、障害を持った者が健やかに地域社会で暮らせるよう、社会の理解と支援を得るための地域づくり、及び福祉の増進に寄与することを目的とし、その目的を達成するため以下の事業を行っている。

①　障害者に対する理解のための社会への啓発事業
②　勉強会開催事業
③　心身障害者共同作業所【パステル工房】
④　その他目的を達成するために必要な事業

クラブは年齢で2つに分けられ、0～18歳がパステルキッズ、18歳以上がパステル工房とよばれる心身障害者共同作業所で働いている。

「勉強会開催事業」は町の保健師が中心となって教育、福祉、保健の連携もとれていて、月1回、保護者や教育・福祉関係者、保健師と共に勉強会を開催している。また、町内の特別支援学級・松山市の特別支援学校に通っている子どもをもつ町内の保護者や教育・福祉関係者、保健師で年3回ほど「療育連絡会」を開催している。特別支援学校と自治体・保護者の連携がこの町でも行われていた。イベントとしては、長期休暇の時期にクリスマス会やイチゴ狩り、ぶどう狩り、レクリエーションなどが行われている。

「パステル工房」は、町内唯一の心身障害者共同作業所である。山間部のため広域にわたる利用者の送迎に時間がかかるため、作業時間は長くできない地域事情がある。障害は様々だが、菓子作り、ダシパックの袋詰め、木工、縫製、清掃など自分の能力や好み、得意分野に合わせた作業を行っている。過疎の山間地のため利用者を常時確保することは容易ではない悩みがある。

まわりに社会福祉協議会や町役場があるなど、作業所が町のはずれではなく中心部にあって地域密着型になっている。作業の合間に利用者が買い物に出たり地域の人たちと日々接して、社会参加のきっかけ作りも行っている。

【注】

＊1　現：特別支援学校。学校教育法の改正により、２００７年4月、それまでの盲学校・聾《ろう》学校・養護学校を総称して、特別支援学校と呼ばれるようになった。

＊2　小倉さんは、テレビ番組「ガイヤの夜明け」で彼のつくった障害者雇用のためのパン工房の取り組みが紹介された後、亡くなられた。

＊3　現：地域活動支援センターⅢ型。

＊4　２００３年開始された、「措置から契約へ」の転換。本人負担はなし。

＊5　入所施設は、この時期に謳われるようになった「ノーマライゼーション」の思想（障害者と健常者とは、お互いが特別に区別されることなく、社会生活を共にすることが望ましい姿である）と相反するものであり、国庫負担での新設は原則認められないこととなった。しかし、実際には新設が続いている。

第10章 中国等残留孤児・婦人の帰国と生活支援・教育支援

「帰国すれば生活保護が受給できて、子ども達に必要な教育も受けられる。帰国する子ども達のために日本語学級や夜間中学も用意されている。」先に東京都常盤寮に帰国した人々から、中国・韓国に残留する多くの日本人婦人・孤児に日本へ帰国してからの生活の様子が燎原の火のように伝わり、その後、帰国希望者が現地の日本領事館に殺到することとなった。

1　残留孤児・婦人の帰国後をめぐって

２００７年9月に刊行された城戸久枝著『あの戦争から遠く離れて─私につながる歴史をたどる旅─』[*1]は２００８年、大宅壮一ノンフィクション賞等を受賞し、２００９年4～5月、ＮＨＫＴＶで「遥かなる絆」として脚色されドラマ放映された。同書は日本生まれの中国残留孤児二世である筆者が、中国の大学に留学して、父の生活（残留孤児となった頃から日本への帰国まで）を丁寧にたどったもので、わが国が忘れてはならない戦後についての記録である。

以下は『あの戦争から遠く離れて』及び「遥かなる絆」の要旨である。

筆者の父、城戸幹は4歳の時日本への帰国が可能な最終列車に乗せられるが、列車が途中で戦火のため停車した時、父母と離れて残留孤児となり中国人養父母に育てられる。

勉学して大学受験の手続きをとるが、日本人と名乗ったことでいずれの大学にも進学できずに、工員となって働き、養父亡き後養母と生活する。懸命に日本赤十字社宛に手紙を出して日本の実父母探しを依頼し、実父母がわかり、単身日本への帰国の機会を待つ。

その頃、文化大革命の嵐の中『日本鬼子』として排斥され、公安から監視される。文化大革命が収まる中、ようやく帰国が認められ、1970年父は香港経由で日本に帰国する。

軍人だった祖父はシベリアに抑留された後、1948年興安丸で舞鶴経由愛媛県に帰国して

おり、28歳になった父を羽田で出迎える。
帰国後父は、日本語習得のため地元の定時制高校に入学し、看護師の母と知り合い、結婚して筆者が生まれる。1997年大学生になった筆者は中国吉林大学に国費留学し、中国で育った父の足跡、養母の親戚、父の友人たち…をたどっていく。

わが国の引揚げ・帰国事業は終戦数年後で再三中断され、1951年以降大連からの船は絶え、1958年以降は全く閉ざされてしまう。城戸幹さんのように、引揚げ・帰国の途中で父母と離れ離れになり、多くの日本人孤児、女性が大陸に取り残されたままになった。

1961年以降、断続的だが残留婦人等の自費帰国が再開され、日中・日韓の間の交流が始まる中、1967年から残留婦人・孤児の帰国は急増していく。帰国者の多くは帰国後、生活保護を受給して自身の生活や子どもの教育環境等を整えていくが、その経過の歴史は公にはどこにも記録されていない。また、1972年、日中国交回復後に民間の手で中国残留孤児の肉親探しが始まったが、国が動くのはさらに後になってからである。

生活を整えた後は就労して生活保護の受給を終えるが、すぐに高齢となって就労先を断られ、再び生活保護を受給する者が少なくなかった（厚生労働省資料で帰国者の6割）。だが、他に蓄財もなく頼れる親族もない帰国者にとって唯一の生活手段であった生活保護は、

２０００年代になって老齢加算の廃止などで年々支給金額が減少し、受給が厳しくなっていった。

そうした中で前著が刊行される直前の２００７年7月、日本政府を相手に帰国した残留孤児の9割近くが起こしていた中国残留孤児国家賠償訴訟について、原告側は新たな国の支援策を受け入れて和解し、２００８年1月及び4月から新しい支援策が実施された。支援策の対象は終戦時13歳以上だった「残留婦人等」、12歳以下だった「残留孤児」をあわせて２００７年の厚生労働省資料で６３５４名に及んでいる。

その他、２００５年厚生労働省資料によると残留孤児・婦人の二世・三世（帰国後の出生数を含む）はあわせて2万１５９名が親と一緒、もしくは後を追って日本に帰国している。ただし、二世・三世は新支援策における給付の対象にならない。

2　公の記録の空白期　―1967～1980年の帰国者の生活支援・教育支援―

残留婦人が母子家庭となり帰国して

１９６６年、東京都は江戸川区桑川にあった老朽化のため廃止された婦人保護施設を引揚者一時宿泊所「東京都常盤寮」とし、東京都に帰国して居所がない引揚げ・帰国者家族の滞在場所とした。当時は都心から離れた交通も買い物も不便な場所であった。寮には、１９６７年３

月に1世帯、4月以降中国・韓国から引揚げ・帰国者の入居が続いた。当初は中国・韓国で中国人・韓国人の夫と結婚して戦後を生き抜いてきた残留婦人が、現地で生計の中心だった夫を疾病等で失うなどして母子家庭となって生活に困窮し、なんとか連絡が取れた日本の親・きょうだい・親戚等に身元引受人になってもらい子ども達を連れて帰国した世帯が多かった。常盤寮はあっという間に中国語・韓国語の会話でにぎわうようになった。当時東京都は建物の管理人を置くのみで、入居後の生活は地元江戸川区福祉事務所の生活保護の実施に任されていた。

その年の4月、大学を卒業して江戸川区福祉事務所の新人ケースワーカーになったばかりの私は、区内で一番交通が不便な常盤寮とその周辺の地域を担当し、自転車で片道1時間かけて訪問した。私は地域の生活保護世帯を訪問するたびに常盤寮を訪れ、入居した引揚げ・帰国者の生活の相談に応え、抱えている問題の解決にあたり、まだ日本語が話せない帰国者の子どもたちが日本に馴染めるよう、話し合いを続けた。

帰国者の多くが、日本での生活をスタートさせるには生活保護に頼るしかなく、生活扶助だけでなく、医療扶助、平常着・布団・什器などの生活一時扶助も支給して、文字通り「健康で文化的な最低生活」によるスタートであった。ちなみに、当時の生活保護では布団は2人に1組しか支給されなかった。

肉を塊で買ってはいけないなど扶助費で1カ月の生活をやりくりする工夫や、日本は競争社会であることなど中国と日本の生活文化の違いを説明し、生活情報について利用できる医療機関・学校・各種の役所・交通機関等の手作りパンフレットを作成し、日本語の習得から就労に至るさまざまな相談に応じた。手作りによる「帰国者便利帳」と名づけたそのパンフレットは、帰国者の情報源としてその後長く活用された（この場合、「帰国者」には引揚者・帰国者とその二世・三世を含む。通常、日本国籍のある者を「引揚者」、ない者を「帰国者」としており、本書でも特に断りのない場合はこの呼称を使用する）。

当時は引揚げ・帰国するためには身元引受人を必要とし、帰国者の帰国後の諸手続きは各都道府県の援護課が担当した。ただし、法律上、日本国籍のある者もない者も「引揚者」とするものの、引揚者給付金等支給法の対象者となるのは「日本国籍のある者」のみであった。引揚者給付金は、引揚げ事業が中断する以前の1957年に作られた法律のままであったため、帰国後一回限りで1~2万円のみの支給であった（ただし、50歳以上は2万8000円）。給付金の対象にならない自費「帰国者」については、各都道府県の援護課の帰国者窓口の業務の対象にならず、その数等は公の記録には記載されてこなかったのである。

しかし、日本国籍のある者とない者、「引揚者」と「帰国者」は、1958年引揚げ事業の中断、及び1959年、未帰還者に関する特別措置法による戸籍抹消によって、その後中国で「結婚」した場合だけでなく「中国で元気に暮らしている」との手紙を日本の親族に寄せた場合でも「日本に帰国する意思がないもの」として日本国籍が抹消されていた等の実情から、本来区分することの意味はないものであった。

一緒に帰国した子どもたちの教育支援

帰国後の生活は、生活保護によりなんとか解決できたものの、帰国者にとって帰国した子ども達の教育機会を得ることは、早急に解決しなければならない事案であった。

当初、地元江戸川区の小・中学校への入学は、「日本語が話せない」「地元の父兄等の理解を得られない」といった理由から区の教育委員会に再三断られてしまい、子ども達はしばらくの期間、日中も常盤寮での待機を余儀なくされた。そのため、帰国した親たちが学校に日参して校長に嘆願をすることとなり、その結果、小・中学校入学は、地元の子ども達と交流させない特別なクラス「日本語学級」を設置することによって1967年10月から可能となった。「江戸川区立葛西小学校日本語学級・葛西中学校日本語学級」が発足した。

この「日本語学級」については、その後葛西小学校日本語学級担任になった善元幸夫先生が1983年『ぼく、日本人なの？　―中国帰りの友だちはいま―』[*2]をまとめた。この書籍は春休み課題図書にもなって広く紹介された。地元の子どもたちから「日本語学級」の子どもたちが「中国人」といじめられる中で、日本への帰国がよかったのかを子どもの読者に問う難しいテーマであった。

帰国した子どもたちの中には、当時の中国東北部の僻地にいたため小・中学校教育を受ける機会がなかったか、あるいは不十分なままに義務教育年齢を過ぎた青年たちも多くいた。それらの青年たちは葛西中学校の日本語学級には入学できず、当初、対応に行き詰ってしまった。

私はふと「夜間中学」の利用を思いつき、隣区の「墨田区立曳舟中学校」校長に事情を説明し、入学許可を依頼した。区を越えること等の問題があって時間がかかったが、同中学校の夜間中学に１９６８年2月から入学が認められた。電話口の「墨田区の教育委員会とも相談し、引き受けることにしました」という校長の弾んだ声が、私の記憶に残っている。

その後、常盤寮の地元江戸川区に夜間中学がなく多くの帰国二世が隣区まで通っていることが江戸川区議会で指摘され、地元区に夜間中学をとの住民の要望を受けて、１９７１年4月「江戸川区立小松川第二中学校」に新たな「夜間中学」が開設された。

この頃、すでに引揚げ・帰国者の子どもたちの入学が定着した曳舟中学校夜間中学の実践は、都市部を中心に点在する全国の「夜間中学」（当時32校、その後小松川第二中学校など35校に増える）に広がり、多くの夜間中学が、帰国前に教育機関に恵まれなかった引揚げ・帰国者の学び、学び直しの場となっていった。１９７０年代には都市部の各夜間中学は在籍者の１／４近くが中国等帰国者となった。１９８２年の資料（表10－１）では全国35校合計２９１５名の在籍者のうち６４５名が引揚げ・帰国者となっており、多くの帰国者とその二世・三世が夜間中学で日本語を習得し、日本に関する基礎知識と基礎学力を学んで日本での生活を準備することが定着したことがわかる。なお、前述の城戸幹さんは地元愛媛県の定時制高校で学んでおり、各地の定時制高校も同様の役割を果たしたことがわかる。

残念なことは「夜間中学」は学校教育法の中学校のⅡ部授業と限定的・消極的に解釈されて

表10－1　全国の夜間中学の生徒数と引揚げ・帰国者の占める割合（1982年）

	夜間中学のある中学校名	在籍生徒数	引揚げ・帰国者数	外国人生徒数
東京都	足立区立第四	46	32	2
	八王子市立第五	32	0	1
	葛飾区立双葉	37	2	17
	墨田区立曳舟	60	33	11
	大田区立糀谷	40	4	12
	世田谷区立新川	70	29	27
	立川市立第九	54	0	12
	江戸川区立小松川第二	118	78	8
全国計		2, 915	645	1, 402

きたこともあって、残留孤児・婦人とその二世の帰国後を大きく支えた夜間中学が、国・厚生省の引揚げ・帰国事業及び厚生労働省の新しい支援策の中で全く触れられていないことである。

なお、山田洋次監督が1994年、「夜間中学」を題材とした映画「学校」を制作するが、その原作本の舞台が小松川第二中学校夜間中学であり、当時小松川二中・夜間中学の教員松崎運之助が綴った1981年刊『学校』*3であった。同夜間中学の教員太田知恵子は1985年刊『雨ふりお月さん—中国帰国者たちの教室—』*4を記録に残している。

大陸に燎原の火のように伝わって

1968年には「帰国すれば生活保護が受給できて、子ども達に必要な教育も受けられる。帰国する子ども達のために日本語学級や夜間中学も用意されている」と、先に東京都常盤寮に帰国した人々から、中国・韓国に残留する多くの残留婦人・孤児に、日本での生活の様子が燎原の火のように伝わり、その後、帰国希望者が現地の日本領事館に殺到した。当初、地元の子どもと交流させない目的で設置された葛西小学校・中学校の「日本語学級」は、中国・韓国の残留婦人・孤児に「帰国者を待っている場所」と伝えられ、帰国を促進した。

この間の帰国者の多くは、生活用品を売却することで帰国の費用をつくっている。帰国した際には、大半の者が無一文であった。

日中国交回復以前の帰国については、城戸幹さんのように、一人ひとりに、日本の血縁関係のあるしっかりとした身元引受人が求められるとともに、中国の出国ビザの窓口は文化大革命で混乱しており、帰国の手続きは容易なことではなかった。

1968年8月には、韓国残留婦人が下関に入国した際、「身元保証人のいる各府県でなく、生活保護や子どもの教育等受入がすでに整った東京都常盤寮に入寮させてほしい」と座り込みを行っている（この韓国からの帰国はNHKドキュメンタリーで放映された）。なお、日韓の国交回復後に韓国から帰国した婦人とその家族は、約800人と推定されている。

1990年代になってようやく、国は国民年金特例納付等の実施のため「引揚者」だけでなく「帰国者」についてもその対象とし、調査により生活実態を把握するようになった。1972年の日中国交回復以降の中国残留孤児帰国者が2513名であるのに、2007年7月の国との和解によってつくられた新支援策の対象が6364名に増加したのはこのためである。この数字からも、1967年から1971年の5年間、及び国が動くようになる1981年までに、既に多くの自費帰国者がいたこと、これらの自費帰国者に対し、国は何もしてこなかったことがわかる。

後日、2005～2007年各地の国家賠償請求訴訟の地方裁判所の判決文の中に、共通して「日中国交回復以前は、帰国させる方法はなかったので国及び公務員の職務怠慢にはならない」、すなわち国の責任はなかったとされ、神戸地裁以外の判決はいずれも残留孤児ら原告が

「敗訴」となっているが、これは少なくとも日中国交回復の5年前の1967年から引揚げ・帰国者が続いていたこと、帰国は可能だった事実が、裁判官だけでなく弁護士にも伝わっていなかったためと推測される。

帰国者と家族が「夜間中学」の周りに定着

前述のように、当初の帰国した引揚げ・帰国者の日本での手続き等の支援は、都道府県の援護課が担当するが、自費帰国者及び二世・三世の帰国後の支援については、対象とされず準備はされなかった。身元引受人に生活をみてもらえない多くの場合は、身元引受人のいる地元で生活保護を受給して生活をスタートさせた。ほとんどの場合、突然の帰国者に対して身元引受人が生活費を工面することは困難なことであった。さらに、残してきた二世世帯とその子どもたちが、後から帰国してくる場合が少なくなかった。そうした結果、本人または子どもが夜間中学に通学するため、多くの帰国者世帯と二世世帯が東京に出て、通学エリアに集まって暮らすようになった。

上京後、一時的にアパートで生活保護を受給して暮らし、江東区にある宿所提供施設「塩崎荘」、足立区にある宿所提供施設「新幸荘」等の保護施設に入居する世帯も多くなり、1970～1980年代にかけて東京・下町は、少なくない帰国した残留孤児・婦人ら家族の生活の場となっていった。同様のことは関西でもみられた（大阪市天王寺中学校の通学エリア等）。

なお、常盤寮を管理する東京都は、常盤寮の地元江戸川区福祉事務所の要請により1970年、「専門相談員」を配置し入居者の生活支援にあたり、1975年には建物の老朽化のため新築、帰国者の相談室を置いた。

日中国交回復以後の国の帰国者支援

厚生省(当時)が1958年に中断していた引揚げ・帰国事業に再び取り組むのは、1972年の日中国交回復以降であった。1974年に民間団体による中国残留孤児肉親探しが始まり、1975年、厚生省はようやく「中国残留孤児肉親探し事業」による邦人情報の公開を始めた。

国は1981年に残留孤児の「訪日調査」を始めるとともに、全国社会福祉協議会は「中国帰国者定住化促進」の提言をまとめ、各都道府県社会福祉協議会は都道府県援護課とともに帰国者の相談窓口を設置し、中国語・日本語を併記した帰国者へのパンフレットが用意されるようになった。また、帰国者が日本語を習得できるよう各地に自治体や社会福祉協議会が主催する「帰国者のための日本語教室」の設置が進められた。

1984年、厚生省は中国帰国者の帰国後の生活の準備のため「定住センター」を全国3箇所(埼玉・長野・山形)に設置した。定住センター設置以降は、残留孤児本人の帰国の場合に限って、はじめに定住センターに入所し、一定期間就職指導や日本語の習得訓練を受けてから身元保証人のいる都道府県に帰省し、都道府県援護課を通して公営住宅への入居斡旋等により、出身地に戻って定着するように支援が行われるようになった。

１９８２年、法務省は「中国帰国者戸籍登録扱い」を通知し、抹消した戸籍の回復・登録が認められるようになった。それまで、肉親の身元引受人がいる場合に限られていたが、１９９１年になって「特別身元引受け制度」により第三者の身元引受けが可能となった。なお、１９９３年には身元引受人のいない残留婦人３人が成田に強行帰国し、入国が拒否されている。

3　日本で迎えた老後と遅れた国の生活支援策

戦後大陸に残され、１９６７年以降に自力で日本に帰ってきた帰国者は、帰国時すでに中高年で、就職も容易ではなく、一時期就職できた者も、日本語の会話ができないことから孤独な仕事を与えられていた場合が多い。そのために収入は低く、あっという間に高齢になって雇用を断られていった。収入の低い雇用であったため、預金や資産はほとんど持てないままで、マイホームどころか、マイカーが持てた人もほとんどいない。

１９９５年、帰国までの国民年金期間が免除期間と同様の扱いになり、多くの帰国者は65歳から老齢基礎年金満額の１／３、月２万２０００円の受給が可能となった。この時期、満額がほしいなら一時金を払えと「特別納付」が推奨された。しかし、もしも終戦後わが国の帰国事業が継続しその当時に帰国できて就労していたなら、興安丸等で帰国した人々と同様に、その多くが月20万円前後の厚生年金を受給できていたはずなのである。残留孤児の起こした国家賠償請求訴訟が求めていた「保障内容月20万円の年金」はそうした根拠があるものであった。

私は2004年10月号『ゆたかなくらし』[*5]に「1953年以降引き揚げ・帰国の道を閉ざされて中国などに残された一人ひとりの残留孤児・婦人がどのような思いで日本を見つめ、日本人ということでどのような想いをしてきたかを考えるならば、せめて満額の老齢基礎年金に見合う保障法・支援法を作ることが、日本国としての最低の責任ではないでしょうか」と記した。それと同趣旨であるが、2007年7月の国との和解で、老齢基礎年金の満額6万6000円の保障が2008年1月から実施されることとなった。

けれども、年金を除くと国の新支援策は、生活保護の仕組みに一部自由裁量を設けたものになった。それは、いかに多くの残留孤児・婦人がすでに高齢期に入って、貯えもなく、他に生活の方法がなく、再度生活保護を受給していたかを示すものにほかならない。

新支援策（2008年から実施）の内容は、

① 老齢年金を帰国した時期にかかわらず満額を支給する。

② 生活保護制度の収入認定の仕組みは残すが、年に1回とする。老齢基礎年金部分は収入認定しない。

③ 医療費について、生活保護の医療扶助と同等の医療費の給付を行う。医療扶助と異なる

点は、該当者に医療支援「受給者証」を発行すること。国民健康保険には生活保護世帯と同様に引き続き加入しない。

④　各市町村に中国残留邦人「支援員・相談員」を置いて支援にあたる。

⑤　各市町村は「地域社会における生活支援等」を行う。地域における支援ネットワークを援助する。日本語教育支援、通訳等の派遣、巡回健康相談を行う。この部分は二世、三世も対象とする。

となっている。この新支援策（和解内容）に基づき、2008年4月6日、国会で「中国残留邦人等の円滑な帰国の促進及び永住帰国後の自立の支援に関する法律」が成立し、2008年10月1日付で施行された。ただし、年金については2008年1月分から、生活保護から変わる生活支援給付については2008年4月分から実施された。

しかしながら、国家賠償請求訴訟の国との和解について、残留孤児が求めていた「長く大陸に放置してきた国の責任」については一切触れられていない。さらには、「検証会議」など新支援策実施後の協議機関も設置されていない。

現在、各市町村では、残留孤児・婦人の帰国者の生活支援事業を行っているのに、和解後そのことが国民にはほとんど知らされていない。「社会福祉」「公的扶助」等の教科書にもこれらのことは書かれていない。これらのことは一部の行政担当者のみが知るものであってはならない。なお、市町村において新支援策の事務及び支援を担当する職員は、これらの経過をよく学んで、支援策の実施にあたることを心から願うものである。

4 帰国した残留孤児・婦人と二世、三世の子どもたち

私は、「異文化理解」をテーマにした授業の中で、子どもがいる福祉の現場では、就労のために日本に来た日系ブラジル人の子どもたち、戦前・戦後に日本に来た在日朝鮮・韓国人、在日中国人の子どもたち、母親がフィリピンやベトナムから来た子どもたち、中国残留孤児・婦人の帰国者の子どもたちに出会うことがよくあることに触れ、学生にはほとんど伝えられていないこれらの歴史を伝える中で、子どもたち・保護者とのコミュニケーションをとることの大切さの理解を図っている。それには、次のような私の現場体験がある。

事例10－1　杞憂

区役所で保育所入所事務の担当者として、帰国したばかりの中国残留孤児・婦人の三世世帯の子どもの保育所入所を決めた時、その保育所の保育士と園長から「日本語が通じない子どもにどう話せばよいの？」「保育所入所は子どもたちが日本語を話せるようになってからにして」といった強い抗議が寄せられた。それだけでなく区内の園長会からも抗議

の電話をいただいた。この事態で、保育所入所を決定した上司をハラハラさせてしまった。私は我慢を決めてその場から逃げることにした。
一週間後、その保育所の園長から弾んだ声の電話があった。「心配なかったわ。2～3日で子どもどうし、すっかり仲良くなって…」とのこと。

今日も残留孤児・婦人の帰国、その二世・三世と子どもたちの帰国は続いている。もちろん、あなたの勤める保育所・学校に入所・入学することがあるかも知れない。
様々な異文化で育った多くの子どもたちが、現在、保育現場・教育現場に在籍している。現場の保育士・教師は、広い視野に立って「異文化」を理解し、異文化で育った子どもたち・保護者と積極的にコミュニケーションをとることが求められている。

〈資料〉戦没者母子は戦後をどう生きたか　―戦没者遺児の作文から―

それでは、誰も語ろうとしないわが国本土の戦後史は、どのようなものであったか。戦没者遺児の書いた作文を資料として掲載する。

【1】

もうだいぶ歩いた。

そう思ってぼくは、今来た方の草むらをふりかえった。そこは足のひざまでくるほどに伸びた雑草でいっぱいであったが、むざんに踏みつけた足跡だけが穴になって、点々と残っていた。しかし、その穴の中では、今踏みつけた雑草がふたたび立ち上がろうとがんばっていた。そこには、押さえつけられた苦しさの中で生き抜こうとする強い生命があった。（略）

【2】

この夏休み、ぼくは一遺児として靖国神社に参拝することになった。（県援護課の主催で、毎年県内の戦没者遺児の中学三年生の大半が参加し、その年は750名であった。翌1960年が最後であった）

父の霊、多くの人の霊がねむるところ、九百万の人口を持つ世界一の都市東京を実際に見られると思うと、うれしさで一杯です。

戦前ぼくの家は東京の文京区にありました。墓地は今も世田谷にあります。

でも、ぼくはまだ一度も東京の土地を踏んだことがありません。父が生きていたら、東京の家が焼けなかったら、そして戦争がなかったなら、ぼくは当然〝江戸ッ子〟として成長していたはずなのです。

母はぼくが生まれるために空襲を避けて、母の実家に来たのです。ぼくが生まれてちょうど1ヶ月目に東京大空襲にあい、家が全焼したため、しかたなく幼い3人の子どもを連れて、父の帰還を待ちながら、この村に留まったのでした。

終戦後1年半ほどたった頃、父の戦死の公報が母の手に届いたそうです。

父は、ちょうどぼくが生まれたころ、北支（現在の中国北部）でたおれていたのです。母は時々その当時のことを話してくれますが、つとめて明るい表情をしながらも涙が光るので、聞いているのが気の毒で、なるべくそのような話題は避けるようにしています。

母の話によれば、父の戦死を知って母は、これから3人の子どもを連れてどうして生活していけばよいか分からず、路頭に迷ってしまい、毎日毎日泣き続けていたそうです。

その後、運よく村の小学校の講師となり、助教となりましたが、わずかな月給と物資不足の中で、ずいぶん苦労したようです。

母と2人の兄が学校へ行くので、ぼくは小さい時から一人で遊ぶことを覚えました。ぼくは一日中デッサン画を仕上げるのにけんめいでした。今も、古本の箱の中に、落書きで埋まったノートが残っています。時々は、小学校へ付いていって、母を困らせたこともありました。

母は、助教ではいつやめさせられるかわかりませんでしたので、ぼくが小学1年生になったとき、38歳で大学へ一年間入学し、高松で下宿しました。その間、中学2年生になった上の兄が、母に代わって炊事からぼくたちの世話などのすべてを引きうけ、一家4人はどこからの助けを受けずに生きぬいたのです。

翌年、それまでの祖母の家の納屋より、一ツ内の集落に引っ越しました。そこではランプ、ろうそくの光の下での生活がつづきました。母は、そこから2キロメートルもの谷間の道を、僻地の西山小学校に通い始めたのです。

ぼくが中学1年生の夏、新しく村が建てた教員住宅に移転して、母の通う道のりはさらに遠くなりました。

祖母は一度こんな話を聞かせてくれました。

「戦争前は、正ちゃんとこは東京で大きな旅館をしょってのぉ、おばあちゃんが行った時も旅館は繁盛していた。それに正ちゃんのお父さんは役所に勤めていて、本当によかった。正ちゃんもおおきくなったら、うんと勉強して、東京へ出て…」

北支にて戦死の父の最後の便り、うすれし文字をきょうわれが読む
これはぼくの読んだ短歌ですが、戦争はぼくの一家をすっかりどん底に追いつめてしまいました。

「お父ちゃんが生きていたら、おまえ達も苦労せんと大学へ行けるのに」

母はよくそうつぶやきます。

「今そんなことを言ったって、戦争のためだから。今、自分の力でできることをしていくしかない」

ぼくはそう言って母に答えますが、いつもそれ以上の言葉がつづきません。ほんとうに父が生きていたなら、兄のように昼間働きつづけて夜に大学に通わなくて勉強ができたはずです。父をうばい、家財を全部失って、15年たった今もなお、ぼくの家に幸せをもたらさない戦争。現在都市は再建され、経済も上昇していますが、ぼくの一家はまだまだ戦争の痛手から逃れきれないのです。そして、これからもまだ数多くの苦難がつづくでしょう。

【3】(略)

【4】

草の上に寝ころんで、澄みきった青空を眺めながら、ぼくはいろんなことを考える。白いつばをつけたすすきの穂が風に揺れている。中学校卒業まであと6ヶ月しかない。高校入試はすぐ目の前にある。町の生徒と競争して合格できるだろうか。

「東京の叔父さんたちはみんな大学を出ているのだから、おまえたちも勉強して、働きながらも大学へ行く心構えを持つように。戦争が終わってすぐに亡くなった東京のおばあちゃんは〝財産よりもりっぱな思想を残す〟といつも言っていたよ。」

母は兄弟3人を前によく東京の祖母の話をします。「自分を犠牲にしても、子どもたちには戦争による苦労に負けないように勉強をさせたい」と言うのが母の願いです。その母の願いにこたえていくことが3人の母へのせめてもの孝行だと思っています。

山はすべてが平和です。そして、ぼくは山の中で生まれ、育っていることにほこりをもっています。さわやかな緑に包まれて、新鮮な空気を思うぞんぶん吸い、味わいながらきょうも草原からさらに登って山の頂上に立っています。

〔筆者（拙）は当時中学3年生、読売新聞主催「第9回全国小・中学校つづり方コンクール」香川県知事賞入賞作文1959・10〕

表10-2　中国等残留孤児・婦人の65年〈年表〉

年号	元号	出来事
1945	昭和20	8月：関東軍・家族避難開始　15日：日本連合軍に無条件降伏　終戦時外地邦人688万人〔内軍人467万人〕内、満州・朝鮮残留邦人・軍人180万人 終戦までの満蒙移民155万人〔内農業移民27万人〕→うち終戦の混乱時を含めて死者推定17.6万人〔内農業移民7.85万人〕 大戦における邦人死者・軍人軍属230万人・一般80万人〔外地30万人〕 当時大連に引揚げを待つ邦人居住区を設定〔聞き取り〕
46	21	5月：極東軍事裁判始まる（昭和23年11月結審）　11月：日本国憲法公布（昭和22年5月施行）
47	22	
48	23	
49	24	7～8月：下山・三鷹・松川事件　10月中華人民共和国成立　引揚げ船中断
50	25	シベリア抑留者引揚げほぼ終了　**6月：朝鮮戦争勃発（～53）**
51	26	2月：遺族厚生連盟大会　9月：サンフランシスコ平和条約
52	27	4月：遺族等援護法公布　戦没者母子90万世帯〔遺児180万人超〕
53	28	3月：北京協定、引揚げ船再開・興安丸、日本遺族会発足 8月：軍人恩給復活（昭和46年2月廃止）、日本遺族会に国有財産貸付法（九段会館）
54	29	4月：厚生省引揚援護局設置
55	30	
56	31	6月：天津協定（一時帰国）　12月：シベリア抑留2689名帰国
57	32	引揚者給付金等支給法
58	33	5月：長崎国旗事件　7月：中国から最後の引揚げ船（天津協定中断）
59	34	3月：未帰還者特別措置法（死亡宣告・戸籍抹消13,600名） **12月：在日朝鮮人北朝鮮への帰国船開始（1984年まで、約1,830名）**
60	35	
61	36	＊2007年成立新支援策は1961年4月以降の引揚げ・帰国者が対象
62	37	
63	38	
64	39	
65	40	**6月：日韓条約調印**　11月：中国文化大革命始まる（～76）
66	41	10月：東京都引揚者一時宿泊所常盤寮江戸川区に開設　2月11日が祝日になる
67	42	3月：中国等残留婦人等自費引揚げ者常盤寮入居始まる　4月：〔常盤寮担当ワーカーになる〕10月：江戸川区葛西小·中学校に日本語学級開設
68	43	2月：墨田区曳舟夜間中学が義務教育年齢を超えた児・者受入（後日本語学級） **3月：韓国帰国者下関帰国後座込み、NHK ドキュメント放映** この頃中国残留孤児・婦人に生活保護・日本語学級の情報が伝わり帰国希望者急増、断続的に自費帰国続く
69	44	
70	45	この頃各地の夜間中学が帰国者と子達を受入れ
71	46	4月：江戸川区が小松川第二中学校夜間中学開設、日本語学級 この頃残留婦人二世世帯の帰国相次ぎ、多くが東京下町に居住
72	47	2月：横井庄一軍曹グアム島から帰還　5月：沖縄祖国復帰　9月：日中国交回復正常化
73	48	日中航空路開設、帰国者増　10月：引揚者に帰国旅費支給 民間支援団体中国残留孤児肉親探し事業
74	49	3月：小野田寛郎少尉ルバング島から帰還
75	50	4月：ベトナム戦争終結　3月：厚生省肉親探し始める
76	51	この頃帰国者のための日本語教室を社会福祉協議会等が各地に開設
77	52	東京都常盤寮を改築、専門相談員を置く
78	53	8月：日中平和友好条約　10月：A級戦犯靖国神社合祀
79	54	6月：帰国者に旅費支給

年号	元号	出来事
80	55	12月：厚生省残留孤児の総数200～300人と推定・報道
81	56	3月：中国残留孤児集団訪日調査始まる　9月：全社協定住化対策委員会 11月：生活保護適正化通知・保護引締 『学校』小松川２中松崎運之助
82	57	4月：江東区日本語教室　5月：都社協帰国者相談
83	58	1月：中国帰国者登録事務取扱法務省通知 『雨ふりお月さん』小松川２中・太田知恵子 『ぼく日本人なの？』葛西中・善元幸夫ほか
84	59	2月：中国帰国孤児定着促進センター開設（所沢）
85	60	2月：帰国者9000人内孤児350人
86	61	5月：中国養父母老齢等扶養に関し日中合意　8月：支払い開始 10月：国、残留婦人一時帰国2700人・永住帰国1000人・在中国3500人と初公表
87	62	3月：厚生省「残留孤児白書」　文部省・在籍児童2,000名に「教育の手引き」
88	63	
89	平成1	7月：浦安暴走族殺人事件〔加害者に帰国少年も〕国は定住の都内集中に危機
90	2	国際識字年　東西ドイツ統一　残留婦人里帰り拡充
91	3	特別身元引受人制度・第三者引受けが可能になる 『大地の子』山崎豊子
92	4	**1月：従軍慰安婦問題・政府は韓国に謝罪**
93	5	9月：中国残留婦人帰国強行・羽田入国出来ず　中国残留邦人支援法公布
94	6	『学校』山田洋次監督、松崎著の映画化
95	7	国民年金中国引揚げ者特例納付実施 『祖国よ』小川津根子
96	8	
97	9	**北朝鮮帰国日本人妻里帰り赤十字事業（1次・2次→3次中止）**
98	10	
99	11	11月：厚生省中国残留孤児肉親探し事業（集団訪日調査）終了とした →以後は個別対応としたが、その後も要望強く集団訪日調査続く
2000	12	厚生省中国国内残存不発弾調査および除去作業始める
01	13	3月：東京都引揚者一時宿泊所常盤寮閉鎖　葛西小・中学校日本語学級終了 6月：残留孤児600人国会請願
02	14	
03	15	この頃全国15カ所で帰国した孤児計2,200人が国家賠償を国に求めて提訴
04	16	12月：生活保護基準見直し→5年から老齢加算減額3年後廃止 『ゆたかなくらし』に「忘れようとしたこと、忘れてはならないこと」掲載
05	17	7月：日本政府への国家賠償請求訴訟・大阪地裁請求棄却「多くが生活保護」 11～12月：『大地の子』NHKドラマ放映
06	18	12月：国家賠償請求訴訟・神戸地裁国に賠償命令「早期帰国を妨げ支援怠る」
07	19	1月：東京地裁棄却　安倍首相厚生労働大臣に支援策検討指示　3月：徳島地裁棄却・名古屋地裁棄却　4月：広島地裁棄却 7月：訴訟原告団・弁護団国の新支援策受諾し和解 『あの戦争から遠く離れて』城戸久枝 11月28日：「中国残留邦人等の円滑な帰国の促進及び永住帰国後の自立の支援に関する法律の一部を改正する法律案」成立 12月：新支援策全国課長会議、現在の中国残留邦人等永住帰国者6,354人
08	20	1月：基礎年金満額支給等新支援策実施、特例納付者には納付金返還 新支援策は福祉事務所で実施・国自治体費用負担率は生活保護と同じ
09	21	4～5月：『遥かなる絆』NHK『あの戦争から遠く離れて』を映像化・放映
10	22	1945年生まれが65歳になり、帰国者ほぼ全員が基礎年金満額受給となる

注1：数字は各々厚生省資料による。
注2：**太字**は韓国・朝鮮に関する事項。

「戦争は未亡人製造業といっていい程、未亡人を多量に製造する」と戦時中「軍事母子寮」を経営していた草葉隆圓さんが『未亡人のすがた』[*6]にまとめているが、戦争は多くの戦没者遺児、母子世帯をつくった。1952年の厚生省資料によると、父戦死による戦没者母子世帯は90万世帯、遺児は180万人を超えている。

しかし戦後、戦没者母子世帯の当事者である母親及び遺児の記録は、ほとんど残されていない。その理由は、何よりも当事者が生活に追われていたことともに当時母子世帯とわかることで就職差別をはじめ、様々な差別が存在していたことによるものと推定される。すでに戦後の混乱の中で遺児を育てた母親の多くが高齢で亡くなり、差別されることを伏せて社会人になった遺児も、2013年現在、すべて年齢は68歳を超えている。戦後多くの日本人は戦争体験と戦後体験を持ちながら、黙ったままで戦後を生き抜かなければならなかったのである。

なお、前述の作文の年の、中学生遺児の靖国神社参拝での出来事。社務所内で祈祷を受ける際に、県の援護課職員が「あなたたちのお父様はお国のために尊い命を捧げました」と話した時、参拝中の中学生からドッと失笑が広がり社務所内に轟いた。この失笑は父親に会えることなく育ってきた遺児たちの国への精一杯の抗議であった。1960年、香川県援護課発行の『靖国の父を訪ねて』[*7]には参加者の一人が「泣いた者もいた。笑った者もいた。笑った者は悲しみを笑いにしたと思った」とその出来事について記録している。この作文から、戦没者母子世帯の戦後史と戦没者遺児の思いを推し量っていただければ幸いである。

【注】

＊1　城戸久枝『あの戦争から遠く離れて―私につながる歴史をたどる旅―』情報センター出版局　2007年
＊2　手島悠介・善元幸夫・遠藤てるよ『ぼく、日本人なの？―中国帰りの友だちはいま―』ほるぷ出版　1983年
＊3　松崎運之助『学校』晩聲社　1981年
＊4　太田知恵子『雨ふりお月さん―中国帰国者たちの教室―』教育史料出版会　1983年
＊5　宮武正明「忘れようとしたこと、忘れてはならないこと」『ゆたかなくらし』No.272　本の泉社　2004年
＊6　草葉隆圓「未亡人のすがた」一番ケ瀬康子編『日本婦人問題資料集成』第6巻　1978年
＊7　香川県厚生部援護課編『靖国の父を訪ねて』香川県厚生部援護課　1960年

【参考文献】

古世古和子『中国に残された子どもたち』岩波書店　1986年
小川津根子『祖国よ―「中国残留婦人」の半世紀―』岩波書店　1995年
厚生労働省社会・援護局「中国残留邦人等に対する新たな支援策」2007年12月会議資料
関亜新・張志坤（佟岩・浅野慎一監訳）『中国残留日本人孤児に関する調査と研究』不二出版　2008年
城戸幹『「孫玉福」39年目の真実』情報センター出版局　2009年

第11章
貧困の連鎖と「子どもの貧困対策推進法」
―まとめにかえて―

「子どもの貧困」は「子どもを育てている親の貧困」である。ここ10年あまりにわたって、国が家庭の子育てを無視して進めてきた様々な施策が、結果として子どもの貧困を拡大してきた。この事実に対して、子どもを育てる家庭が1世帯でも多く、安定し安心して暮らせ、子どもの未来が「貧困の連鎖」の悪循環に陥らないように、国も自治体も地域社会も真摯に取り組むことを切に願う。

1　「子どもの貧困対策推進法」の成立

２０１３年6月26日「子どもの貧困対策の推進に関する法律」（以下「子どもの貧困対策推進法」）が公布された。議員立法によるもので、衆議院、参議院とも全会一致で成立したものである。

（目的）
第一条　この法律は、子どもの将来がその生まれ育った環境によって左右されることのないよう、貧困の状況にある子どもが健やかに育成される環境を整備するとともに、教育の機会均等を図るため、子どもの貧困対策に関し、基本理念を定め、国等の責務を明らかにし、及び子どもの貧困対策の基本となる事項を定めることにより、子どもの貧困対策を総合的に推進することを目的とする。
（基本理念）
第二条　子どもの貧困対策は、子ども等に対する教育の支援、生活の支援、就労の支援、経済的支援等の施策を、子どもの将来がその生まれ育った環境によって左右されることのない社会を実現することを旨として講ずることにより、推進されなければならない。

2　子どもの貧困対策は、国及び地方公共団体の関係機関相互の密接な連携の下に、関連分野における総合的な取組として行われなければならない。

冒頭「子どもの将来がその生まれ育った環境によって左右されることのないように」は、どのように判断すればよいか。私は、長年、それが一番端的に表れるのが家庭や地域の経済力や教育力、福祉力が総合された結果が表れる「高校進学率」であり、高校進学率が98％の時代に、高校に行けない家庭があってはならないこと、もし経済的に高校へ進学できない子どもがいたらそれは家庭と社会による児童虐待であり、その解決方法として経済的に高校へ進学させられないのならば生活保護を受けるか、児童養護施設に措置して、高校就学を果たすべきと述べてきた。特に、生活保護家庭の子どもの高校進学率が一般世帯の高校進学率に比して、著しく低いことは是正されなければならないことを指摘し続けてきた。これらのことは、この法律にきちんと明記された。

第八条では、「政府は、子どもの貧困対策を総合的に推進するため、子どもの貧困対策に関する大綱（以下「大綱」という。）を定めなければならない」とし、大綱が定める事項を次のように列記している。

①　子どもの貧困対策に関する基本的な方針

②　子どもの貧困率、生活保護世帯に属する子どもの高等学校等進学率等子どもの貧困に関する指標及び当該指標の改善に向けた施策
③　教育の支援、生活の支援、保護者に対する就労の支援、経済的支援その他の子どもの貧困対策に関する事項
④　子どもの貧困に関する調査及び研究に関する事項
このように、大綱の内容が具体的に示され、大綱の作成を拘束することとなった。私の長年提案してきた子どもの貧困への施策の主張が、そのまま取り入れられたのである。以下に、ここに至る経過をまとめておきたい。

2　生活保護世帯の子どもの高校進学率が指標

私は、江戸川区東部地域各中学校における学力不振・不登校・非行児童に対する福祉事務所の取り組み（1980年4月～1987年3月）を様々な機会に報告してきた。

ケースワーカーとして区東部地域を担当し、子どもの貧困状態に愕然とした。そこで、各中学校において学力不振・不登校・非行児童が一定数になっており、それらの多くが中学卒業後無職少年となり、地域の荒廃を生み、生活保護世帯を再生産する結果になっていることを職場、地域の関係者に明らかにし、次のような取り組みを行い、数年後中学校や地域の荒廃はほぼ止

められた。

① 生活保護世帯の子ども、母子・父子世帯等低所得世帯の中学生とその親に、就学資金貸付等高校就学の方法をケースワーカーが直接家庭訪問時等に口頭で情報として知らせる。学力不振とならないよう小学生の親にも同様に伝える。

② 地域の高校進学率が全国平均と比較して著しく低く、地域荒廃の原因になっていることを民生委員協議会等の会合で行政担当者、地域の民生児童委員等に啓発していく。

③ 中学3年秋の進路に関する三者面談で不進学となった子どもの中学校を個別に訪ね、校長等に高校就学の方法があることを伝える。

④ 以上によりさらに残った高校不進学者について、福祉事務所で夜間に中学生勉強会を開く。講師はケースワーカーがボランティアで行う（第2章等参照）。

これらの取り組みは、1987年3月、東京都の「生活保護世帯児童高校入学準備金」制度、そして時を経て、2005年、生活保護「生業扶助」として高校就学費の支給（第1章参照）、2010年から中学生勉強会等の学習支援は「生活保護自立支援事業」の対象とされ、国から補助金が交付されるようになって今日に至っている（第2章参照）。

ここに至る文献とその内容について、概要をまとめる。

① 「社会福祉主事と貧困克服の課題」『生活力の形成』勁草書房　1984年

貧困世帯における教育力、健康管理力、家庭管理力、生活関係力の形成と援助方法をまとめた。福祉事務所社会福祉主事（ケースワーカー）の援助課題を貧困の重層化の防止と生活力の形成とし、社会的自立のための援助方法を提案した。白沢久一（北星学園大）・宮武正明編著。

② 「公的扶助ケースワークの基礎と応用」『生活関係の形成』勁草書房　1987年

公的扶助ケースワークについての基礎知識をまとめ、ケースワーカーはどのように援助を展開できるのかを、①生活の点検、②総合的な自立、③家庭に力をつけることを視点に、貧困を連鎖させないための援助方法を提案した。ここで提案した生活保護、社会福祉のめざす社会的自立の考え方は、その後自立支援の3つの視点（日常生活支援、社会生活支援、就労支援）としてまとめられた。白沢久一（前出）・宮武正明編著。

③ 「崩れゆく家庭・地域と子どもたち」『教育』No.501　国土社　1988年

当時江戸川区東部地域の著しい貧困地域の中で、各中学校の高校進学率が8割を割り、生活保護世帯の高校進学率は5割、多くの中学生が学力不振、不登校、非行などの問題を抱えて、高校進学も就職もできない中で福祉事務所ケースワーカーが、子どもたち一人ひとりの家庭と本人自身の抱える問題の解決にどう取り組み、地元中学校・地域の高校進学率を高めて貧困地域を変えたかを記録したレポート。本レポートを反映して、翌年3月厚生省は「児童養護施設等の高校就学奨励通知」を出している。筆者の私は、平職員のまま全国社会福祉協議会「夜間ひとり暮らし児童問題研究会」研究委員となるなど大きな反響があった（第3章参照）。

④「大都市の中の貧困問題を克服するために」『福祉展望』No.8　東京都社会福祉協議会　1989年

大都市の生活保護世帯、生活困難家庭に育つ子どもたちが不登校や非行などの問題を抱えている場合、地域の他の一般家庭の子どもたちに大きく影響する。足立区・江戸川区などの福祉事務所ケースワーカーの取り組みを紹介し、行政機関と地域の連携で貧困の世代間継承は断ち切れることを提案した。

⑤「貧困を克服する教育」『教育』No.518　国土社　1990年

生活困難な家庭で子どもたちはどのように成長しているか。福祉事務所ケースワーカーの援助で不足していたことは何か。地域で中学生勉強会を始めてわかったことは、学力不振、不登校、非行の子どもたち自身が自分の進路に強く不安を抱いていること、悪循環の原因は、親や教師、地域社会がこれらの子どもに「高校へ行け」と言ってくれないこと、「成績が悪いから当然」と考えていることにあった（第4章参照）。

⑥「こちら下町福祉事務所休憩室、春待ち中3生勉強会」（インタビュー記事）『サインズオブザタイムズ』No.89－4　福音社　1990年

15歳の春に無職少年を生み出さないために、江戸川区役所の夜間に中学生の勉強会はどのように始められたか、家庭環境から学力不振となった子どもたちが夜の勉強会にかよってくるのはなぜか、子どもたちが驚くほど変わるのはなぜかを、編集者が現場でのインタビューによっ

てまとめた（第3章参照）。

⑦「教育力のないひとり親家庭への援助」『ひとり親家庭の子どもたち─その実態とソーシャル・サポート・ネットワークを求めて─』川島書店　1991年

様々な問題を抱えるひとり親世帯で、子どもたちは児童福祉や公的扶助などの援助を受けながらどのように成長したか、子どもの成長を促すためになにが欠けていたのか。一世帯、母と6人の子どもたちの12年間の成長過程を分析し、貧困が繰り返される児童福祉・公的扶助の現場での課題を明らかにした。田辺敦子（日本社会事業大）編著（第1章参照）。

⑧「生活困難な家庭の子どもの学習支援はなぜ大切か」2010年　こども教育宝仙大学『こども教育宝仙大学紀要』第1号　実践報告

貧困の連鎖・無職少年をつくらないための1980年代からの江戸川区福祉事務所における生活困難家庭の子どもへの学習支援の実践と、2009年生活保護学習支援費支給により今日改めて学習支援が注目されてきた意義と支援方法を明らかにした（第1章参照）。

⑨「貧困の連鎖と学習支援─生活困難な家庭の子どもの学習支援はなぜ大切か（2）」2012年　こども教育宝仙大学『こども教育宝仙大学紀要』第4号　実践報告

⑧の実践報告以降、3年間を経過した中で、これらの問題提起は国と自治体、マスコミにおいて、どのように受け止められ、対策案が講じられてきたか。⑴子どもの貧困・貧困の連鎖はなぜ起きているか。生活保護者増加の一因として、今日の社会で「履歴書が書けない」状態の

人の求職活動は困難を極める。若年生活保護者は学歴が中卒や高校中退者が多く、学習の不徹底が貧困を招いている。⑵教育力に欠ける家庭で貧困の連鎖が見られ、多額な福祉予算の負担となる。事例を通して、貧困の連鎖を防ぐためには高校就学による教育力が不可欠である。⑶生活保護世帯の学習支援が国の補助事業になって、各地で自治体主導あるいはＮＰＯ法人による学習支援・中学生勉強会が始まっている。⑷学習支援の場に再び参加して、学習支援で子どもたちはどう変わるか。以上を具体例で紹介し、学習支援でこころがけること、各地の中学生勉強会への提言を行った（第2章参照）。

「子どもの貧困対策推進法」には、本書に述べてきたこれらの経過が少なからず反映されている。国と自治体には、子どもの貧困率、生活保護世帯に属する子どもの高等学校等進学率等子どもの貧困に関する指標及び当該指標の改善に向けた具体的な施策の実施が求められる。各自治体では、自治体ごとの一般高校進学率と生活保護受給世帯の子どもの高校進学率を調べ、高校進学率を高めるための施策を実施し、国に報告しなければならなくなる。貧困の連鎖は、このことを徹底することによってのみ防げる。

3 「子どもの貧困」「母子家庭の貧困」と子どもの貧困への対策

「子どもの貧困」という新しい言葉が使われるようになったのは、２００６年1月4日付「朝日新聞」に、「２００５年度東京23区公立小・中学校就学援助費受給率」が掲載され、東京23区においては、小学生の27・４％、中学生の32・２％が生活保護基準の１・１～１・２倍以下の低所得世帯になっていること、足立区においては小学生の41・３％、中学生の44・０％が就学援助費の対象になっていることが、初めて公開されてからである。続いて『文芸春秋』２００６年４月号では、佐野眞一「ルポ下層社会―改革に捨てられた家族を見よ―」が掲載された。

私は、１９９１年の時点で既に、１９８９年度の「東京23区公立小・中学校就学援助費受給率」について「『豊かさ時代』と教育力・生活力の形成」の中で、公表したが、それは９割中流社会の中で１割の貧困を放置してよいものかという問いかけであった。その時点での東京23区では、小学生の15・６％、中学生の18・５％、足立区では小学生の19・２％、中学生の23・８％が就学援助費受給の対象世帯であった。それから16年しか経っていないのに、この間に、子どもを育てている家庭の貧困が著しく進んだことがわかる。この間に、日本の社会に何があったのか。誰がこのような状態を作ってしまったのか。私は、問題提起を続ける。

⑩　「家庭のない家族の時代の子育て問題」『現代と保育』No.23　ひとなる書房　１９９０年

幼児教育、保育の現場では、親とかかわり、家庭の抱えている子育ての悩みや生活問題について相談にのり、アドバイスすることが求められている。少子化の中で、保育所・幼稚園時代は、通園を通して各家庭が子育てを学び、家庭を形成していく。「家庭のない家族の時代」に保育者は、家庭の問題の相談に応じ、問題を解決していくことが求められる。保護者にアドバイスできることは何かを事例をもとに紹介した。この問題提起等により、保育士養成の課程における「児童福祉」は「児童・家庭福祉」に改められ、保育所が「地域子育て支援センター」としての機能を果たすことが求められるようになり、各自治体において予算化された（第8章参照）。

⑪『求められる子どもの生活環境への対応—ひとり暮らし児童問題研究報告書』全国社会福祉協議会　1990年

厚生省委託共同研究。夜間ひとり暮らし児童の現状についての各種調査から、4％の子どもが夜間の一定時間子どもだけで在宅していることが分かり、子どもの生活事例をまとめて、その対策を厚生大臣に意見具申した。地域調査、全国調査、事例調査、調査の分析等報告書の多くの部分を私が担当した。本報告書によって、国で「トワイライトステイ事業」として予算化され、今日都市部の各自治体で1カ所程夜間10時までの子どもの居場所が設置されている。また、この内容はその後の「エンゼルプラン」の作成にも反映され、保育所の延長保育の時間が朝7時から夜7時までに広がる根拠ともなった。山崎美貴子（明治学院大）研究委員長（第5章参照）。

⑫「『豊かさ時代』と教育力・生活力の形成」『社会教育』No.424　国土社　1991年

教育の機会均等の保障と福祉の関連、高校進学率の地域・学校間格差の理由、特に生活保護基準に近い低収入の世帯を対象とする公立小・中学校の就学援助費の受給率が東京23区で2割近くに達している。「9割中流」「豊かな社会」といわれる中で、区によっては1／3の子どもがそれに該当しており、地域差が目立ってきていることを指摘した。これらの問題について、教育の機会均等の保障とは、中学校単位、地域単位で高校進学率格差をなくすこと、生活保護世帯の子どもの高校進学率格差をなくすこと、彼等が二世代つづけて貧困の鎖に陥らないために福祉事務所ケースワーカー、行政と地域が果たすべき課題を明らかにした（第4章参照）。

私は、2002年夏期及び2007年夏期の期間、千葉県八千代市において母子家庭調査を実施した。いずれも森田明美（東洋大学）研究室が自治体から依頼を受けた調査である。

子どもの貧困率は、自治体によって異なるが、その約半数を母子家庭が占めていることから も、子どもの貧困対策の鍵は、母子家庭の貧困を防ぐことであるといえる。なお、2002年夏期に、児童扶養手当受給世帯へのアンケート調査を行い、その集計結果をまとめた。

⑬ 「母子世帯の就労と生活をめぐる一考察―児童扶養手当受給者のアンケート調査から―」

『母子福祉』No.508　母子福祉社　2003年（以後6回連載）

母子世帯の生活の現状を把握し、就労支援及び生活支援に何が必要かを明らかにするため、千葉県八千代市にて実施した児童扶養手当受給者372名のアンケート調査を集計分析し、社会手当としての児童扶養手当の意義と母子福祉の現場への提言をまとめた。死別離別から児童扶養手当申請までの母親の動向、児童扶養手当受給母子世帯の生活状況・子どもの状況について調査を分析。①死別・離別した母親は短期間のうちに住まいの確保、子どもの転校や保育所申請、求職活動を行っていること、②死別・離別後の母親の就労は9割を超え、児童扶養手当手続きが母子世帯となった母親の就労を励ます役割を果たしていること、③大半の母子家庭の母親は死別・離別後就労し、自立に努めようとするが、生活保護を受給する家庭は3人以上の世帯の比率が多く、就労途中での疾病、精神的な疲労の場合が多いこと等が判明した（第6章参照）。

2007年夏期の調査は、児童扶養手当世帯と生活保護受給母子世帯についてアンケート調査及びインタビュー調査を実施し、研究スタッフ共同で『生活保護母子世帯自立支援プログラム策定のための基礎調査及びその結果』報告書にまとめて、八千代市に報告した。その一つは、生活保護受給母子世帯の4割が中学卒業あるいは早期の高校中退であり、家庭での教育支援が期待できない中で、家庭に任せると「貧困の連鎖」は避けられないことであった。さらに、3割の母親が、離婚と短期間パート・転職の連続で疲れきって精神不安定になり、精神科へ通院している実態であった。この調査結果によって、八千代市の生活保護世帯の児童の学習支援、「若者ゼミナール」が始められた。

⑭ 「父子世帯の悩み・生活と意見」『母子福祉』No.520　母子福祉社　2004年

先述の２００７年夏期の調査では、さらにアンケート調査・インタビュー調査を含めた父子家庭調査も行い、その結果をまとめた。生活困難の母子世帯との違いや行政施策への要望等を明らかにした。離別父子の場合、親しい人にも離別を伝えられず周囲の協力が得られないことが多いことや、再婚等は子どもを非行に走らせる心配から高校卒業までは考えない志向など深刻な実際の悩みが多く聞かれた。死別と離別の比率は１：２、祖父母と同居・非同居の比率も１：２であった。年収については、当時母子家庭のみであった児童扶養手当の受給要件である年収３６５万円以下は約３割の結果であった（第７章参照）。

4　子どもの貧困を防ぐために求められること

「子どもの貧困対策推進法」によって、国と自治体は、子どもを育てている生活保護世帯、母子世帯、その他の低所得世帯に対して、教育の支援、生活の支援、保護者に対する就労の支援、経済的支援その他の子どもの貧困対策を講じなければならなくなった。

この法律の第九条では、都道府県が「子どもの貧困対策についての計画」を策定することが求められている。具体的な支援として、下記のことについて、国の大綱に基づき計画を策定しなければならない。

（教育の支援）
第十条　国及び地方公共団体は、就学の援助、学資の援助、学習の支援その他の貧困の状況にある子どもの教育に関する支援のために必要な施策を講ずるものとする。
（生活の支援）
第十一条　国及び地方公共団体は、貧困の状況にある子ども及びその保護者に対する生活に関する相談、貧困の状況にある子どもに対する社会との交流の機会の提供その他の貧困の状況にある子どもの生活に関する支援のために必要な施策を講ずるものとする。
（保護者に対する就労の支援）
第十二条　国及び地方公共団体は、貧困の状況にある子どもの保護者に対する職業訓練の実施及び就職のあっせんその他の貧困の状況にある子どもの保護者の自立を図るための就労の支援に関し必要な施策を講ずるものとする。
（経済的支援）
第十三条　国及び地方公共団体は、各種の手当等の支給、貸付金の貸付けその他の貧困の状況にある子どもに対する経済的支援のために必要な施策を講ずるものとする。
（調査研究）
第十四条　国及び地方公共団体は、子どもの貧困対策を適正に策定し、及び実施するため、子どもの貧困に関する調査及び研究その他の必要な施策を講ずるものとする。

私は本書で述べてきた通り30年前から貧困世帯の多くの子どもたちと接する中で、「子どもの貧困」が起きていること、放置された子どもは無職少年になっていること、けれども「貧困の連鎖」は防げることを学習支援、中学生勉強会の実践を通して提案し続けてきた。そうした立場から、この法律に託す期待は大きい。

「子どもの貧困対策推進法」第十五条において、国は「子どもの貧困対策会議」を置くことが定められている。「子どもの貧困対策」を継続的に把握し、改善することを義務づけたものである。「子どもの貧困」は「子どもを育てている親の貧困」である。ここ10年余りにわたって国が家庭の子育てを無視して進めてきた様々な施策が、結果として「子どもの貧困」を拡大してきた。この事実に対して真摯に取り組み、子どもを育てる家庭が一世帯でも多く、安定し安心して暮らせ、子どもの未来が「貧困の連鎖」、貧困の悪循環に陥らないように、国も自治体も地域社会も真剣に取り組むことを切に願うものである。

【補足】

※1　2013年12月に「生活困窮者自立支援法」が成立し、2015年4月から施行される。①就労準備支援事業、就労に必要な訓練、日常生活・社会生活自立、②一時生活支援事業、住居のない困窮者に一時宿泊・衣食の提供、③家計相談支援事業、家計相談、家計管理指導、貸付相談、④学習支援事業、生活困窮家庭の子どもへの学習支援事業。これらの課題については、白沢・宮武共編『生活力の形成』『生活関係の形成』を参照のこと。

※2 「子どもの貧困対策推進法」の実施に際して、まだ学習支援に取り組んでいない多くの自治体においても、2014年度から自治体主導あるいは社会福祉法人やNPO法人に委託して「学習支援」「中学生勉強会」を事業として取り組む準備が進められている。「学習支援ボランティア」を希望する場合は、ぜひ地元の自治体、または社会福祉協議会に問い合わせてほしい。

著者紹介

宮武　正明（みやたけ　まさあき）

1945年生まれ。

日本社会事業大学社会福祉学部卒業。

東洋大学大学院福祉社会システム専攻修了（社会学修士）。

東京都職員（江戸川区役所勤務）、日本社会事業大学・早稲田大学第二文学部非常勤講師、松山東雲女子大学人文学部准教授を経て、現在、こども教育宝仙大学こども教育学部准教授。

研究領域：社会福祉および相談援助、児童家庭福祉

著書：『生活力の形成』頸草書房、1984年（白沢久一と共編）

『生活関係の形成』頸草書房、1987年（白沢久一と共編）

『ひとり親家庭の子どもたち—その実態とソーシャル・サポート・ネットワークを求めて—』川島書店、1991年（共著）

『新・エッセンシャル児童・家庭福祉論〔第2版〕』みらい、2013年（共著）

「わかりやすい老人福祉の歴史」『月刊ゆたかなくらし』本の泉社、2004-2005年（10回連載）

「母と子のくらしと児童扶養手当」『母子福祉』（月刊）母子福祉社、2003-2004年（7回連載）

論文：「生活困難な家庭の児童の学習支援はなぜ大切か」『こども教育宝仙大学紀要』こども教育宝仙大学、2010・2012・2013年（3回連載）

実践：1987-1991年　「江戸川中3生勉強会」（発起人の一人）

：2009年-　「八千代市若者ゼミナール」（発起人の一人）

子どもの貧困 ―貧困の連鎖と学習支援―

発 行 日―――2014年4月10日 初版第1刷発行

著 者―――宮武正明
発 行 者―――竹鼻均之
発 行 所―――株式会社 みらい
〒500-8137 岐阜市東興町40 第5澤田ビル
電 話 058-247-1227(代)
FAX 058-247-1218
http://www.mirai-inc.jp/

印刷・製本―――西濃印刷株式会社

定価はカバーに表示してあります。
落丁・乱丁本はお取り替えいたします。

ISBN978-4-86015-312-0 C3036
Printed in Japan